Q&A 保育新制度
保護者と保育者のためのガイドブック

多様な保育と自治体の責任

中山徹・杉山隆一・保育行財政研究会=編著

自治体研究社

はじめに

　保育所、幼稚園、学童保育に関する新しい制度ができました。この新しい制度を、「子ども・子育て支援新制度」と言います。今この本を手にされている方の多くは、そもそも新制度ってなに、保育所を利用する場合どのような手続きをしなければならないのか、保育料はいくらになるのか、もし希望した保育所には入れなかったらどうしたらいいのか、新しく始まった小規模保育ってなに、そのような疑問をたくさんお持ちだと思います。本書はそのような疑問に答えた本です。
　でもそのような内容であれば政府のHPでも同じようなQ&Aが流れているのではないか、市役所に行けば教えてくれるのではないかと思われるかもしれません。
　新制度を進めることで政府は待機児童の解消を図るとしていました。しかし新制度が始まっても待機児童の解消はほぼ絶望的です。保護者は、「新制度の下で保育所に申し込んでも、入れなかったときはどうしたらいいのか」と疑問を持ちます。残念ながら行政が出している解説書のどこを探してもその疑問に対する答えは出てきません。市役所に聞きに行っても同じです。でも保護者にとってはそのような問いに対する答えが非常に大切です。
　新制度の下で小規模保育事業がスタートします。行政の解説書を見ますと、小規模保育事業の内容が説明されています。市役所で聞いたら同じような内容を説明してもらえるでしょう。でも保護者にとって重要なのは、「保育所がいいのか、小規模保育がいいのか」です。このような問いに対する答えも行政の解説書には出てきません。
　保護者や保育者の多くの方が疑問に思っているにもかかわらず、政府の解説書や一般書店で並んでいる本では解決できない疑問がたくさんあります。本書では、そのような疑問も含め、様々な疑問に対してQ&A

方式でわかりやすく答えました。

　1章から順に読んでいただきますと新制度の全体がおおむね把握できますが、そのような読み方とともに、関心のあるところ、疑問に思っているところから読んでいただいてもいいと思います。興味関心がどの章に対応しているかはおおむね以下の通りです。

> 新制度の概要を知りたい方→1章
> 保育所、幼稚園がどう変わるかを知りたい方→2章
> 利用手続きの進め方を知りたい方→3章
> 保育料がどう変わるかを知りたい方→4章
> 障害児保育がどうなるかを知りたい方→5章
> 病児保育、一時預かりなどを知りたい方→6章
> 学童保育のことを知りたい方→7章

　本書を編集した保育行財政研究会は、新制度について批判的に見ています。新制度が国会で審議され、政策的意図を持ってつくられた以上、新制度に対して中立的立場は存在しません。しかし、Q&A形式にしたため、研究会としての評価は最小限にとどめ、できる限り法制度に則して答えたつもりです。また、解決しなければならない問題も、新制度内で解決できる方法をできる限り示したつもりです。

　新制度は細部まで決まってません。そのため本書でもまだきちんと解説できていない点もあります。また、一度決まった内容が修正されることもあります。このような点をあらかじめご了解下さい。

　新制度のこの点がわからない、ここがわからなくて困っているという保護者や保育者に、本書が少しでも役立てば幸いです。

Q&A 保育新制度 保護者と保育者のためのガイドブック

第1章　子ども・子育て支援新制度の概要 …………………………… 10

- **Q1**　新制度って何ですか？ ………………………………………… 10
- **Q2**　なぜ新制度に変えたのですか？ ……………………………… 12
- **Q3**　子ども・子育て会議では何を議論するのですか？ ………… 13
- **Q4**　事業計画って何ですか？ ……………………………………… 14
- **Q5**　新制度の財源は何ですか？ …………………………………… 15

第2章　どのように制度が変わるのか ……………………………… 16

- **Q6-1**　新制度ではどんな施設や事業があるのですか？ ………… 16
- **Q6-2**　それぞれの施設への入所はどのようになるのですか？ … 18
- **Q7**　保育所はどうなりますか？ …………………………………… 19
- **Q8-1**　認定こども園はどうなりますか？ ………………………… 19
- **Q8-2**　認定こども園にはいろいろな種類があるそうですが、それぞれどのように違うのですか？ ………………………………… 20
- **Q9**　幼稚園はどうなりますか？ …………………………………… 22
- **Q10**　幼稚園は就学前の教育を行うところですが、保育所では教育はしないのですか？ ……………………………………………… 22
- **Q11**　家庭的保育事業等はどのような内容ですか？ …………… 24
- **Q12**　すべての施設、事業はだれもが利用できるのですか？ … 27

第3章　利用手続き …………………………………………………… 30

- **Q13-1**　保育所や幼稚園の利用手続きは、どのように変わりますか？ … 30
- **Q13-2**　認定こども園を利用する時も、家庭的保育事業等を利用する時も手続きは同じですか？ ……………………………………… 31

Q14 「認定」とは、だれが何を認定するのですか？ ……………………… 32

Q15-1 新制度では、さまざまな働き方（夜間、パートなど）でも保育所等を利用できるそうですね。 ……………………………………… 34

Q15-2 求職活動中でも「保育の必要性」が認定されますか？ ………… 35

Q15-3 上の子どもが保育所を利用しています。下の子どもの育児休暇に入っても引き続き保育所等を利用できますか？ ……………… 36

Q15-4 子どもに障害があり、保健師さんから、保育所で遊びや食事などを通じて子どもに働きかけるとよいといわれています。しかし保護者が働いていないと利用できないのですか？ ………… 36

Q16-1 幼稚園を利用するときは、例外なく1号認定（教育標準時間認定）を受けるのですね？ ……………………………………… 37

Q16-2 3歳の子どもがいます。施行後は、誰もが3歳児保育を受けられると聞きましたが、入園させたい近くの公立幼稚園では、3歳児保育を実施していません。どうすればいいのですか？ …… 37

Q17 利用できる保育時間は、どのようになりますか？ ……………… 38

Q18-1 認定申請の結果は、いつわかるのですか？ ……………………… 40

Q18-2 認定された内容に有効期限はありますか？ いったん認定されれば卒園するまで手続きは要らないのですか？ ………………… 40

Q18-3 産前産後休暇や育児休業期間を終えて職場に復帰する時、リストラされて失業した時、就労時間が大幅に変わった時、他の市町村から転入した時、どのような手続きが要りますか？ …… 41

Q18-4 市町村の認定結果に納得がいかない時、保護者はどうすればよいのですか？ …………………………………………………… 41

Q19-1 保育所等の利用手続き、幼稚園等の利用手続きはどうなりますか？ 保護者が施設や事業者を回って決めるのですか？ ……… 42

Q19-2 「2号認定」の場合でも、幼稚園を利用できますか？ …………… 44

Q19-3 他市から転入しましたが、前から利用している保育所（幼稚園）を引き続き利用できますか？ 保護者が直接、施設や事業を選び、利用できますか？ その場合、市町村から給付を受けられますか？ ……………………………………………… 44

- **Q19-4** 「2号認定」「3号認定」を受ければ、確実に施設を利用できますか？ ……… 45
- **Q19-5** 市町村の利用調整に納得できない時や、どの施設・事業も利用できない時、保護者はどうすればよいのですか？ ……… 45

第4章 利用者負担 ……… 46

- **Q20-1** 保育料とは何ですか？ ……… 46
- **Q20-2** 保育料はどのように決まるのですか？ ……… 46
- **Q21** 保育料は市町村によってちがうのですか？ ……… 49
- **Q22** 保育料はどこに支払いますか？ 滞納したらどうなりますか？ ……… 49
- **Q23** 幼稚園の保育料はどうなりますか？ ……… 50
- **Q24** 保育料以外の負担はどうなりますか？ ……… 50
- **Q25** 延長保育料はどうなりますか？ ……… 52
- **Q26** 多子減免はありますか？ ……… 53

第5章 障害児の保育 ……… 54

- **Q27** 障害児を育てるための保育・療育はどうなりますか？ ……… 54
- **Q28** 障害児の保育所入所はどうなりますか？ ……… 56
- **Q29** 障害の程度が重い子どもの保育はどうなりますか？ ……… 57
- **Q30** 保護者が働いていなければ、障害のある子どもが、保育所で発達を保障するための保育を受けられませんか？ ……… 57
- **Q31** 市町村以外に施設や事業所を利用するにあたって、相談できるところはありますか？ ……… 58
- **Q32** 障害児保育に対する国の補助などはあるのでしょうか？ ……… 59

第6章　その他の市町村事業 ················· 60

- **Q33**　新制度の「利用者支援事業」とは何ですか？ ················· 60
- **Q34**　利用者支援専門員は何をするのでしょうか？ ················· 61
- **Q35-1**　うちの子は他の子よりも病気にかかりやすくて心配です。今の病児保育は新制度でどうなりますか？ ················· 62
- **Q35-2**　ちゃんとうちの市で実施されますか？ ················· 63
- **Q36-1**　これまで働いておらず、保育園の一時保育をたまに利用していました。一時保育も新制度で変わりますか？ ················· 63
- **Q36-2**　ちゃんとうちの市で実施されますか？ ················· 64
- **Q37**　幼稚園の預かり保育はどうなりますか？他市町村の幼稚園を利用しているので心配です。 ················· 65
- **Q38**　「地域子ども・子育て支援事業」とは何ですか？ ················· 66

第7章　小学生の放課後対策 ················· 68

- **Q39**　学童保育は新制度に含まれますか？ ················· 68
- **Q40**　放課後子ども教室は新制度に含まれますか？ ················· 69
- **Q41**　学童保育は改善されますか？ ················· 70
- **Q42**　学童保育指導員の資格はどうなりますか？ ················· 71
- **Q43**　学童保育はどう変わりますか？ ················· 72
- **Q44**　今後、学童保育の定員は増えますか？ ················· 74
- **Q45**　学童保育と放課後子ども教室の関係はどう考えたらいいですか？ ················· 75

コラム・一口メモ

- 地域型保育給付の事業とは？　*17*
- 保育所として存続するのか、新たに認定こども園にするのか迷っています（施設経営者）　*21*
- 子どもが少なくなっているので、公立幼稚園の３歳児保育は必要ない？　*23*
- 幼稚園のまま残ろうか、新制度に移行しようか、認定こども園になろうか……悩んでいます（施設経営者）　*23*
- 保育条件や保育環境が違うのに保育所と小規模保育事業は保育料が同じ。小規模保育事業を使うのは損？　*25*
- 小規模保育事業での安全の担保は？　*26*
- 家庭的保育者ってなに？　*26*
- こんなイッパイある中で、どうやって選んだらいいの？（父母）　*28*
- 新制度と待機児童問題　*28*
- なぜ保育所だけ保育料を市町村に支払うの？　*48*
- 新制度でも減らない保育料の負担　*52*

第1章　子ども・子育て支援新制度の概要

1　新制度って何ですか？

　新制度の正式名称は「子ども・子育て支援新制度」です。新制度は2012年8月に成立した制度で、実施は2015年4月です。2010年1月から議論が始まり、最初は「子ども・子育て新システム」と呼ばれていました。通称「新システム」です。

　新制度は、子どもが健やかに育つために、国や自治体、事業者が、子どもや保護者を支援することを目的としています。支援内容は、保護者に対して現金で支援するのか、子どもを対象とした事業を展開するのかで大きく二つに分かれます。前者は「子ども・子育て支援給付」といい、後者は「地域子ども・子育て支援事業」と呼ばれます。

　「子ども・子育て支援給付」は、「子どものための現金給付」と「子どものための教育・保育給付」からなります。「子どものための現金給付」は「児童手当」のことです。「子どものための教育・保育給付」は、子どもが幼稚園、保育所、認定こども園などを利用したとき、保育料の一部を行政が負担することです。保育料がどのように決まるのか、保育料の内どの程度を負担してもらえるかは、4章を参照して下さい。

　「子どものための教育・保育給付」は、さらに「施設型給付費」と「地域型保育給付費」にわかれます。前者は子どもが幼稚園、保育所、認定こども園を利用したときで、後者は小規模保育、家庭的保育、事業所内保育などを利用したときのものです。この具体的な内容については2章を参照して下さい。

　「地域子ども・子育て支援事業」は子育てに関わって現金を保護者に支給するのではなく、市町村が子育てを支援するための事業を実施し、それを子どもや保護者が利用するものです。具体的には、延長保育、休日

保育、学童保育など、13の事業が列記されています。これらの13事業をどのように展開するかは市町村が決めます。また、無料で利用できるものと有料のものがあります。有料の場合、利用料金は市町村もしくは事業者が決めます。これらの事業は市町村が実施しますが、市町村が直接事業を行う場合と業者などに委託して行う場合があります。この内容については、6章、7章を参照して下さい。

新制度は子育て支援に関わることを包括的に位置づけた制度で、この制度の対象となる子どもは18歳までです。しかし、新制度に含まれないものもあります。たとえば、自治体が独自に展開している医療費の助成制度は含まれませんし、国の制度であっても高校の就学支援金制度（所得制限付き授業料無償制）などは含まれません。また、幼稚園を除いた学校は新制度に含まれません。少し複雑ですが、幼稚園は新制度に入る幼稚園、入らない幼稚園に分かれます。この点は2章を参照して下さい。さらに文部科学省が実施している放課後子ども教室は小学生を対象としたものですが、新制度には含まれません（75頁を参照）。

この新制度には幼稚園、保育所が含まれています。各々については文部科学省、厚生労働省が担当しますが、新制度全体を担当するのは内閣府です。

図表1-1　新制度の全体的な仕組み

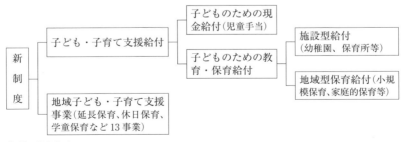

出所：著者作成

2 なぜ新制度に変えたのですか？

　新制度は、子育て環境を充実させることが目的です。そのため、保育内容をどう充実させるのかというような点から、新制度の議論がスタートしたと思いがちです。ところが新制度は、2009年12月に策定された「明日の安心と成長のための緊急経済対策」から議論が始まりました。

　当時も日本の景気は非常に悪い状態でした。民主党政権は、財政出動による景気対策ではなく、規制緩和による経済対策を進めました。その重要な部門に子育て分野が位置づけられました。幼稚園や保育所は公的な制度で動いています。この分野の規制を緩和し、企業をはじめとした様々な事業主体の参入を促すことで、子育て分野を新たな産業として育成しようとしました。参入する事業者が増えれば、雇用も拡大します。新制度は、企業が参入しやすい仕組み作りという視点で議論されました。企業の参入を促すためには、自由に収益を上げられるというのが不可欠です。収益を上げることと子どもにとって望ましい保育は必ずしも両立しません。残念ながら新制度は前者に重点を置いています。

　一方、幼稚園・保育関係者や保護者の反対で、露骨な規制緩和を持ち込むことはできませんでした。また、子育て分野をもうけの対象とすることに一定のブレーキをかけました。このようなブレーキが骨抜きにされないような働きかけが重要です。

　新制度の実施主体は市町村です。国が新制度の枠組みを決めましたが、実際の基準、保育料などは市町村もしくは都道府県が定めます。市町村や都道府県が保育水準の向上などについて、しっかりとした考えをもっておれば、新制度の下でも一定水準の保育が維持できます。また保育を営利本位に進めようとする動きに対して、ストップをかけることがある程度可能です。国だけでなく、市町村や都道府県に対する働きかけも重要です。

Q3　子ども・子育て会議では何を議論するのですか？

　新制度に関わる法律は2012年8月に決まりました。しかし、制度を運用するためには様々なことを決めなければなりません。それを議論するために、2013年4月に「子ども・子育て会議」が国に設置されました。メンバーは、有識者、自治体、事業主代表・労働者代表、子育て当事者、子育て支援当事者などです。

　保育所や認定こども園、小規模保育事業に関する実際の基準、保育料などは自治体が決めますが、勝手に決めるのではなく、自治体は国が定めた政省令に基づいて決めなければなりません。このような政省令や基準について、子ども・子育て会議で議論してきました。

　子ども・子育て会議は新制度スタートと同時に役割を終えたわけではありません。新制度スタート後、実際に新制度がどのように実施されているのか、問題はないのかなどを調査し、子ども・子育て会議で議論する予定です。

　新制度では、都道府県、市町村にも、「地方版子ども・子育て会議」をできるだけ設置するようにしています。都道府県、市町村は、実際の基準を決めたり、計画を立てたりしなければなりません。その内容を議論するのが「地方版子ども・子育て会議」です。ただし、会議の名称は自由なので、自治体によって呼び方はさまざまです。また、従来からある審議会などを活用してもかまいません。メンバーについては、幼児教育関係者、保育関係者の双方を含み、子育て当事者の参画も配慮するようになっています。「地方版子ども・子育て会議」も新制度が始まったら役割が終わるのではなく、事業の実施状況を調査審議し、現行の計画に見直すべき部分はないかなども議論します。

　新制度実施後も、「地方版子ども・子育て会議」がどのように動いているかをきちんと把握しておきましょう。

Q4　事業計画って何ですか？

　政府は新制度を実施するため「基本指針」を定めます。すでに2013年8月に「基本指針（案）」が示されています。基本指針は、子ども・子育て支援の意義から始まり、市町村が新制度のどのように展開すべきかという基本的な事項を示しています。

　すべての市町村は、「基本方針」を踏まえ、「市町村子ども・子育て支援事業計画」を作成しなければなりません。市町村はこの事業計画に基づいて新制度を実施します。そのため市町村がどのような事業計画を立てるかが非常に重要です。

　この事業計画をたてるため市町村は、保育所、幼稚園、学童保育等の利用希望者がどの程度存在するかをあらかじめ調査します。これをニーズ調査といいます。このニーズ調査結果を踏まえ、保育所や幼稚園等の整備目標を決め、それをどのように整備するかを計画します。また、地域子ども・子育て支援事業をどの程度地域で展開するのか、その実施体制をどのようにするのかなども計画しなければなりません。

　この事業計画には、教育・保育提供区域を定めます。これは市町村をいくつかの区域に分けたもので、この区域ごとに、保育所や幼稚園の整備目標を決めます。たとえば、この区域では保育所を必要とする1歳児が何人いるのかをニーズ調査で把握し、整備目標量を決めます。

　この事業計画を決める際、13頁で説明した地方版子ども・子育て会議で議論しなければなりません。この計画は5カ年計画ですが、途中で不適切な点が見つかった場合は変更できます。支援法61条では「市町村は、市町村子ども・子育て支援事業計画を定め、又は変更しようとするときは、……（中略）……広く住民の意見を求めることその他の住民の意見を反映させるために必要な措置を講ずるよう努めるものとする」としています。遠慮なく、意見を市町村に伝えましょう。

Q5 新制度の財源は何ですか？

　政府は新制度を実施するために新たな財源が1兆円必要という試算を発表しました。そして、この財源をどのように確保するかが大きな問題となりました。

　結局、消費税率を5％から8％、10％に値上げして、その一部を新制度で使うことになりました。新制度の実施が2015年4月になったのは、消費税率の値上げと関係しているからです。

　新制度の財源を消費税に求めたのは大きな問題です。今の仕組みでは、子育て支援の充実を進めるためには消費税率の値上げが必要になります。新制度は2015年4月からスタートします。それにともなって基準の作成などが進みました。残念ながら日本の保育所は、経済力に見合った保育環境になっていません。今回の新制度でもそれらの改善は見送られました。抜本的な改善を進めるためには、予算が増額が必要です。新制度の財源を消費税とした場合、「子育て支援の充実→消費税率の値上げ」という図式になってしまいます。新制度の財源を消費税から切り離し、消費税率とは関係なく予算の増額が保障できる仕組みにすべきです。

　国レベルで適切な予算の確保を進めるべきですが、市町村の判断で新制度の財源を確保することも可能です。新制度の実施主体は市町村です。国は政省令などで新制度の基準案や保育料徴収基準額などを示していますが、実際どのような基準で運営するのか、実際に徴収する保育料をいくらにするかは市町村が決めます。国の基準では十分な保育が展開できないと市町村が判断した場合、国の基準案を上回った基準を決めてもかまいません。ただし、それにともなって発生する予算は市町村が負担しなければなりません。国がきちんとした予算を確保すべきですが、そうでなくても、市町村の判断で新制度を充実させるための予算を確保することができます。

第2章　どのように制度が変わるのか

Q6-1　新制度ではどんな施設や事業があるのですか？

　保育の制度は、大きく「施設型給付」の施設と「地域型保育給付」の事業に分かれます。

　施設型給付の施設は、保育所や幼稚園、認定こども園など従来の認可施設です。

　私立幼稚園は、新制度の施設型給付に移行する幼稚園と、新制度には入らず従来通り私学助成を受ける幼稚園にわかれます。公立幼稚園はすべて新制度に入ります。

　地域型保育給付の事業は、主に0歳～2歳の乳児を対象にした事業で、小規模保育事業、家庭的保育事業、居宅訪問型保育事業、事業所内保育事業の4種類があります（以下これら4種類をまとめて家庭的保育事業等と呼びます）。認可外施設からの移行も想定しているため、地域型保育給付の事業の場合、認可基準（市町村が認可）は施設型給付の施設より

図表2-1　新制度での施設型給付と地域型給付

```
┌─────────────────── 新制度 ───────────────────┐ ┌───┐
│       ┌─── 施設型給付の施設 ───┐              │ │認 │
│ ┌────┐│  認定こども園(公・私)  │┌────┐      │ │可 │
│ │幼稚園││                        ││保育所│      │ │外 │
│ │    ││  幼保連携型            ││      │      │ │保 │
│ │私立││  保育所型・幼稚園型    ││公立  │      │ │育 │
│ │幼稚園││  地方裁量型            ││保育所│      │ │施 │
│ │公立││                        ││私立  │      │ │設 │
│ │幼稚園││                        ││保育所│      │ │   │
│ └────┘└────────────────────────┘└────┘      │ │   │
│       ┌─── 地域型保育給付の事業 ───┐          │ │   │
│       │ 小規模保育事業(A型・B型・C型)          │ │   │
│       │   家庭的保育事業(保育ママ)             │ │   │
│       │ 居宅訪問型保育　事業所内保育事業       │ │   │
│       └────────────────────────────┘          │ │   │
└──────────────────────────────────────────────┘ └───┘
```

出所：著者作成

低いものとなります。

　新制度の施設型給付に移行しない私立幼稚園と地域型保育給付の事業に移行しない認可外保育施設は新制度の枠外になります。

図表2-2　旧制度から新制度への移行

旧制度	新制度
保育所	保育所
	認定こども園
幼稚園	新制度内の幼稚園
	新制度外の幼稚園
	認定こども園
認定こども園	新制度の認定こども園
	新制度内の幼稚園に戻る
	新制度外の幼稚園に戻る
	保育所に戻る
認可外保育施設	家庭的保育事業等
	認可外保育施設

出所：著者作成

―一口メモ―

地域型保育給付の事業とは？

　地域型保育給付事業には、①小規模保育事業、②家庭的保育事業、③居宅訪問型保育事業、④事業所内保育事業があります。法律の中では、それらを総称して『家庭的保育事業等』や『小規模保育事業等』と表現されています。

Q6-2 それぞれの施設への入所はどのようになるのですか？

　保育所は公立私立とも今までのように市町村に申し込みます。認定こども園・幼稚園・家庭的保育事業は、直接施設もしくは事業者に申し込みます。それぞれ児童福祉法第24条1項、2項に規定されています。

図表2-3　入所申し込み方法のちがい

市町村に申し込み	直接施設に申し込み
保育所	幼稚園
	認定こども園（幼保連携型・保育所型・幼稚園型・地方裁量型）
	家庭的保育事業・小規模保育事業・居宅訪問型事業・事業所内保育事業
児童福祉法第24条1項 市町村は、この法律及び子ども・子育て支援法の定めるところにより、保護者の労働又は疾病その他の事由により、その監護すべき乳児、幼児その他の児童について保育を必要とする場合・日において、事項に定めるところによるほか、当該児童を保育所（認定こども園法第3条1項の認定を受けたもの及び同条9項の規定による公示がされたものを除く）において保育しなければならない。	児童福祉法第24条2項 市町村は、前項に規定する児童に対し認定こども園法第2条6項に規定する認定こども園（子ども・子育て支援法第27条1項の確認を受けたものに限る）、又は家庭的保育事業等（家庭的保育事業、小規模保育事業、居宅訪問型保育事業または事業所内保育事業をいう。以下同じ）により、必要な保育を確保するための措置を講じなければならない。

※入所の手順等は3章を参照。
出所：著者作成

Q7　保育所はどうなりますか？

　保育所はすべて新制度に入ります。また、保育所は新制度のもとでも児童福祉法第24条1項にもとづく施設として位置付けられ、今までと同じです。

　保育所には、「保育が必要な0歳〜5歳までの子ども」が在園します。私立保育所であっても、施設運営のための法律で決められた金額が、国・自治体から施設に委託費として支払われます（今までの仕組みと同じです）。

　保育料は市町村に支払います。市町村が徴収した保育料は利用料として市町村の収入となり、そのまま運営費に充てられません。運営費は「法律に定められた運営するためのお金」として、国・自治体が支払うという仕組みです。

Q8-1　認定こども園はどうなりますか？

　認定こども園はすべて新制度に入ります。認定こども園は、保育所児と幼稚園児の両方が在園します。認定こども園の場合、保育所とは異なり施設運営のためのお金は国・自治体から支払われません。

　施設型給付は、保護者に直接国から支払われます。保護者は保育料（利用者負担額）と施設型給付をあわせて認定こども園等に支払い、そのお金（保育料と施設型給付）で、認定こども園等は運営されます。ただし実際は、代理受領という形で施設が保護者に代わって施設型給付を受け取ります。

　つまり、保育料の滞納や入所児が少なかった場合、認定こども園の場合は、運営に響くことになります。

Q8-2 認定こども園にはいろいろな種類があるそうですが、それぞれどのように違うのですか？

認定こども園は、大きくは4類型に区分されます（**図表2-4**参照）。

幼保連携型認定こども園は、認可幼稚園と認可保育所とが連携して、一体的な運営を行うものです。幼稚園型は、認可幼稚園が保育を必要としている子どものために保育所機能をもち、認定こども園としての機能をはたすものです。保育所機能とは保育を行いますが、保育所としての基準は満たしていないものです。保育所型は、認可保育所が保育を必要とする子ども以外の子どもも受け入れるなど、幼稚園機能をもち認定こども園としての機能をはたすものです。幼稚園機能は保育所機能と同じで、幼稚園としての基準は満たしていません。地方裁量型とは、幼稚園機能、保育所機能を持ち、認定こども園としての機能をはたすものです。地方裁量型は、市町村独自の基準に基づいて設置されているもので、国の基準を満たさなくても認められます。

株式会社は幼稚園を設置できません。そのため、株式会社は幼保連携型、幼稚園型を設置できません。

図表2-4　認定こども園の4類型

		運営主体	管轄
幼保連携型	認可保育所＋認可幼稚園	自治体、学校法人、社会福祉法人	内閣府
保育所型	認可保育所＋幼稚園機能	自治体、社会福祉法人、株式会社	厚生労働省
幼稚園型	認可幼稚園＋保育所機能	自治体、学校法人	文部科学省
地方裁量型	保育所機能＋幼稚園機能（自治体が独自に認める施設）	自治体、社会福祉法人、株式会社、NPOなど	

出所：著者作成

コラム

保育所として存続するのか、新たに認定こども園にするのか迷っています（施設経営者）

　保育所と認定こども園では、根拠になる法律が違います。

　保育所は児童福祉法で、認定こども園は認定こども園法です。認定こども園は児童福祉法24条2項に、認定こども園幼保連携型は児童福祉法第39条等に掲載されていますが、施設の基本的性格は認定こども園法によって規定されています。根拠になる法律が違うということは、役割も違うということです。どのような違いになるのかは以下のとおりです。

①保育所は児童福祉法第24条1項に基づき
- 市町村に保育実施責任があります
- その実施責任に基づき、委託費が支払われます
- 支払われる委託費は、保育所を運営するための費用として施設に支払われます
- 保護者が支払う保育料は利用料として、市町村の収入になります
- 保育料の滞納が発生しても、施設運営に影響はありません
- 保育料を滞納しても、子どもは保育を受けることができます

②認定こども園は
- 市町村には、需要量に見合う供給量（施設量）を確保する責務があります（保育を必要とする子どもの総数に対して、保育所、認定こども園、家庭的保育事業等の総定員を確保します）
- 保護者に対し、利用を保障するための施設型給付が支払われます
- 保護者は保育料と施設型給付をあわせて施設に支払います（実際は施設が施設型給付を代理受領）
- 認定こども園は保護者の支払う保育料と施設型給付で運営します
- 入園した子どもの数が少なかったり、保育料滞納者がいると、収入が減るため施設運営に影響があります
- 保育料徴収は施設が行います

Q9 幼稚園はどうなりますか？

　幼稚園は、新制度に参入する幼稚園と従来どおりの幼稚園の2とおりあります。新制度に参入する幼稚園は、教育標準時間認定を受けた子どもが利用します（教育標準時間については32頁を参照）。
　新制度での幼稚園の預かり保育は、「一時預かり事業」として、従来どおり利用できます（一時預り事業については63頁を参照）。
　恒常的に「一時預かり事業」を利用する場合は、できるだけ2号認定を受けるよう、国は指導しています（2号認定については32頁を参照）。
　公立幼稚園はすべて新制度に入ることになります。新制度では、「すべての子どもの3歳以上の幼児教育を保障する」となっていますので、3歳児保育をしていない公立幼稚園で3歳児保育を求めていくのも大切です。

Q10 幼稚園は就学前の教育を行うところですが、保育所では教育はしないのですか？

　そんなことはありません。保育所でも幼児教育を行っています。
　保育所保育指針や児童福祉法に明記されているように、保育所は養護と教育を一体的に行う施設とされています。ただ、幼稚園のように、法律上「学校」と位置づけられていないだけです。
　保育所保育指針と幼稚園教育要領の内容は、ほぼ同じ内容となっています。

> **コラム**
>
> **子どもが少なくなっているので、公立幼稚園の3歳児保育は必要ない？**
>
> 　公立幼稚園での3歳児からの保育を要望する声はたくさんあります。しかし、地域の3歳児以上の定員が、私立幼稚園で満たされているので、公立幼稚園での3歳児保育は必要ないという意見もあります。しかし、保護者の選択の権利を保障するうえでは、公立幼稚園での3歳児保育は確保したいところです。現在の公立幼稚園の定員枠を変えることなく、年齢枠を変更し3歳児からの保育を行うことは可能です。計画的に行ってはどうでしょうか。
>
> 　3歳児からの保育を行うことで、現在定員充足率が下がっている公立幼稚園の現状の打開策となるのではないでしょうか。
>
> 　既存の施設を活用して、活性化させる手立てを考えてみませんか。

> **コラム**
>
> **幼稚園のまま残ろうか、新制度に移行しようか、認定こども園になろうか……悩んでいます**（施設経営者）
>
> 　幼稚園には、私学助成をもらっている現在の幼稚園のまま存続するのか、新たに施設型給付をもらう幼稚園になるのか、認定こども園になるのかという選択肢があります。
>
> 　私学助成は、子ども1人あたりの国からの補助があり、子どもの人数や定員充足によって受け取ることができます。施設型給付の幼稚園や認定こども園の場合は、公定価格が定められ、公定価格から利用者負担額（保育料）を引いた金額が施設型給付として国・自治体から支払われます（公定価格については49頁を参照）。公定価格は施設の規模（定員）などによって違い、定員が多くなるほど単価は下がります。認定こども園の場合も同じ仕組みです。
>
> 　財政面から考えると、定員が多くなるほど公定価格が下がるため、私学助成をもらうことのできる現行の幼稚園に残るところ、あるいは認定こども園から現在の幼稚園に戻るところなどがあります。

Q11 家庭的保育事業等はどのような内容ですか？

家庭的保育事業等は、主に3号認定（0～2歳、保育が必要）の子どもたちが対象となる事業です（3号認定については32頁を参照）。しかし、3歳以上でも、地域に待機児童が多いなどの特別な理由がある際は、家庭的保育事業等を利用することができます。

家庭的保育事業等の運営は、施設型給付の施設と同じように、保護者の支払う保育料と地域型保育給付によって運営されます。

家庭的保育事業等には、小規模保育事業（A型・B型・C型）、家庭的保育事業、居宅訪問型保育事業、事業所内保育事業があります。

小規模保育事業の3類型の違いは保育従事者の資格です。国の基準で

図表2-5　地域型給付事業の違い

事業名		事 業 概 要		保育従事者
小規模保育事業	A型	6人から19人までの保育が必要な子どもを施設で保育する。		保育士資格者
	B型	6人から19人までの保育が必要な子どもを施設で保育する。		保育士資格者1/2
	C型	6人から10人以下の保育が必要な子どもを施設で保育する。		家庭的保育者
家庭的保育事業		家庭的保育者の居宅その他の場所で、専用室を設けて乳幼児の保育を行う。家庭的保育者1人で3人以下、補助者がつくと5人まで保育することができる		家庭的保育者
居宅訪問型保育事業		利用者の居宅においてする保育 ・疾病や障害（集団保育が著しく困難と認められる場合） ・施設型給付施設に入れない場合 ・母子家庭で、夜間や深夜の保育が必要な場合 ・離島などで他事業実施が困難である場合		家庭的保育者
事業所内保育事業		事業所内に設けられたもので、主に事業者の従業員の子どもが対象。地域枠（地域の保育が必要な子どもが対象）も定めなければならない	定員19人以下	保育士資格者1/2
			定員20人以上	保 育 士

出所：著者作成

図表2-6　保育所と小規模保育事業、事業所内保育事業の比較

	保　育　所	小規模A・B型 事業所内保育 （19人以下）	小規模C型	事業所内保育 （20人以上）
施　設	乳児室又は保育室、医務室、調理室、便所	乳児室または保育室、調理設備、便所	乳児室または保育室、調理設備、便所	乳児室または保育室、調理室（事業所に付属して設置する炊事場を含む）
面　積 （1人につき）	乳児室　$1.65m^2$ ほふく室　$3.3m^2$	乳児室又は ほふく室　$3.3m^2$	乳児室又は ほふく室　$3.3m^2$	乳児室　$1.65m^2$ ほふく室　　$3.3m^2$

出所：著者作成

は、A型は全員の保育者が保育士の資格を持っていなければなりません。B型は1/2の保育者が保育士の資格を持っていなければなりません。C型は保育士の有資格者がゼロでもかまいません。保育士資格を持たず家庭的保育事業等の保育にかかわる保育者を家庭的保育者といいます。家庭的保育者については26頁を参照してください。

また、保育所、家庭的保育事業等は必要な施設、面積が異なります（図表2-6）。ただし、新制度では基本的にどの施設においても、子どもの年齢と所得階層が同じであれば、保育料は同じになります。保育料については4章を参照して下さい。

コラム

保育条件や保育環境が違うのに保育所と小規模保育事業は保育料が同じ。小規模保育事業を使うのは損？

　施設整備や保育士資格要件の有無などが違う施設・事業でも基本的な保育料は同じです。

　入所申請をする時に、希望をしっかり伝えましょう。また、市町村による利用調整の際も、不服があれば、「不服申し立て」や再度の利用調整を要望しましょう。また、市町村独自で、保育料を設定することができるので確認しましょう。

---コラム---

小規模保育事業での安全の担保は？

　待機児童解消（待機児童の8割は2歳以下）を小規模保育事業で行うとしています。従来の保育制度の下では認可外保育施設であったものを「地域型保育」として市町村が認可することになりました。

　小規模保育事業のB型C型は、保育士資格者が半分（B型）、いなくてもいい（C型）というもの。待機児童解消はみんなの願いですが、安全で安心で子ども達の発達保障が行われるのが前提です。

厚生労働省発表の保育施設での死亡事故数

	2010年	2011年	2012年	2013年
認可保育所　　（人）	5	2	6	4
認可外保育施設　（人）	7	12	12	15
合　計　　　（人）	12	14	18	19
認可保育所に対する認可外保育施設の死亡事故発生率	12.5倍	58倍	23倍	45倍

「赤ちゃんの急死を考える会」調べ

　認可保育所と比べて圧倒的に死亡事故率の高い認可外保育施設。この結果から私たちの学ぶべきことはなんなのでしょうか？

　小規模保育事業の基準は各市町村で決める事ができます。安全を確保するために、例えばB型の有資格者を2/3以上にしたり、C型の有資格者1/2以上にしたり、また家庭的保育者を保育士資格者に限るという事に決めている市町村もあります。

---一口メモ---

家庭的保育者ってなに？

　家庭的保育者は国や自治体の定めた研修を受ければ、家庭的保育者と認定されます。

　以前は、保育士資格もしくは看護師資格が義務づけられていましたが、規制緩和で義務づけはなくなりました。

Q12 すべての施設、事業はだれもが利用できるのですか？

施設によって、入所要件（就労の有無、年齢など）が違います。

保育所は、保育を必要とする0歳から5歳の子どもを受け入れます。認定こども園は、保育を必要とする子どもと保育を必要としない子どもの双方を受け入れます。ただし、0歳〜2歳の子どもを受け入れるかどうかの判断は施設に任されています。幼稚園は3歳以上の保育を必要としない子どもを受け入れます。家庭的保育事業等は、保育を必要とする0歳〜2歳の子どもを受け入れます。

ただし上記は原則で、実際どのような子どもを受け入れるかは施設の判断です。保育所でも、産休明けから受け入れるところもありますが、6ヶ月以上としているところもあります。幼稚園も4歳以上のみ受け入れる施設があります。

どのような状態だと、保育が必要と判断されるかは32頁を参照して下さい。また、新制度に含まれない認可外保育施設は、施設の判断で受け入れる子どもを決めます。

図表2-7　施設ごとの入所要件の違い

施設	就労要件	受入年齢	認定
保育所	共働きなどで保育が必要	0歳〜2歳	3号認定
	共働きなどで保育が必要	3歳〜5歳	2号認定
認定こども園 （幼保連携型・保育所型・ 幼稚園型・地方裁量型）	共働きなどで保育が必要	0歳〜2歳	3号認定
	共働きなどで保育が必要	3歳〜5歳	2号認定
	保育を必要としない	3歳〜5歳	1号認定
幼稚園	保育を必要としない	3歳〜5歳	1号認定
家庭的保育事業等	共働きなどで保育が必要	0歳〜2歳	3号認定
認可外保育施設	必要としない	特になし	なし

出所：著者作成

> **コラム**
>
> **こんなイッパイある中で、どうやって選んだらいいの？**（父母）
>
> 　基本は、働きながら子育てするなら保育所。働かず家庭中心で子育てするなら幼稚園です。
> 　そして、
> ①設置運営主体はだれ？
> 　公立、社会福祉法人、株式会社、NPO等のいずれかを確認しましょう。
> ②保育料は総額でいくらかかる？
> 　制服や文房具などや独自の保育（スイミングや英語教室など）は園によって違います。必ず確認しましょう！　保育料については４章を参照して下さい。
> ③保育・教育理念を確認する
> 　英語や文字の学習をするところもあれば、遊びのなかで子どもたちの創造性や意欲を引き出す保育所もあります。どんな保育が子どもにとっていいのか？　ぜひ、押さえておきましょう。

> **コラム**
>
> **新制度と待機児童問題**
>
> 　保護者の就労等により保育を必要とし、かつ保育所入所を申込みながら入所できない子どもの数を待機児童数といいます。しかしこの数には、保育所に入れないため、やむを得ず育児休業を延長したり、市町村補助金が付く認可外保育施設を利用している子どもは含まれません。また、保育時間や保育内容等から特定の保育所を希望しながら入れない子どもの数も除外されています。それでも待機児童数は、全国で２万人を超えています。
> 　国は、子ども・子育て支援新制度が施行されると、待機児童が解消するかのようにいっています。特に、幼稚園を認定こども園に移行させ、保育を必要とする子どもを受け入れることを重視しました。
> 　しかし経営的な不安から認定こども園に移行しない私立幼稚園が続出

しています。認定こども園では３歳未満児の保育を義務化しなかったため、認定こども園での０〜２歳児定員はあまり増えていません。幼稚園の認定こども園化による待機児童の受け入れは破たんしたといえます。待機児童の８割が３歳未満児だからです。

そこで新たに施設をつくらなくても、保育所に比べて安上がりで、簡単に開閉園できる家庭的保育事業等によって３歳未満児の保育枠を拡大する方針を採りました。ところが、ここで問題となるのは「保育の質」です。もっとも手厚い保育が求められる乳幼児なのに、保育士資格をもたない子育て支援員や家庭的保育者による保育を想定しています。また、園庭もない保育環境のもとにおかれます。保育内容を支援するため、保育所や認定こども園と連携するようにしていますが、どこまで機能するかはわかりません。

もう一つ、新制度では、これまで保育所を利用できなかった（あきらめていた）子どもと保護者でも、保育の必要性（２号認定、３号認定）を認定されるようになります。昼間の３時間程度の就労でも、夜間だけの就労でも、祖父母と同居していても保育の必要性が認められます。そのため、保育所利用希望者が増え、待機児童数も増えると思われます。

以上の状況をみると、市町村から「保育の必要性」を認定されても、保育を利用できない待機児童問題が新制度で深刻になる恐れが高いといえます。だからこそ、家庭的保育事業等に依存するのではなく、保育所の整備が必要です。

新制度では、公定価格に減価償却費相当額を含めています。そのため、新しく施設を整備する際の補助金等がありません。施設整備計画を立て、それに必要な資金をたくわえ、計画的に進めることが求められます。

第3章　利用手続き

Q13-1　保育所や幼稚園の利用手続きは、どのように変わりますか？

　新制度での利用手続きは、「認定申請─認定」「利用希望の申し込み─利用調整─契約」の2つに分かれます。

　保育所等の場合は、保護者が市町村の窓口に認定申請と利用希望の申し込みを行い、市町村が「保育の必要性」（2号認定、3号認定）を認定し、保育所・認定こども園・家庭的保育事業等の中から利用できる施設・事業を調整し、保護者に通知します。そして保護者が施設・事業者と契約します（保育所の場合は公立・私立とも市町村と契約）。

　幼稚園等の場合は、保護者が幼稚園・認定こども園に直接、利用希望の申し込みを行い、内定を受けたのち、保護者は幼稚園を通じて、市町

図表3-1

子ども・子育て支援新制度の利用の流れ

幼稚園等を利用希望の場合

1. 幼稚園等に直接利用申込みをします
※市町村が必要に応じて利用支援をします。

2. 幼稚園等から入園の内定を受けます
（定員超過の場合などには面接などの選考あり）

保育所等を利用希望の場合

1. 市町村に「保育の必要性」の認定を申請します
※利用希望の申込み(3)も同時にできます。

2. 市町村から認定証が交付されます
（2号認定・3号認定）

出所：内閣府・文部科学省・厚生労働省「子ども・子育て支援新制度　なるほどBOOK」（平

村に「教育標準時間」（1号認定）の認定を申請し、認定を受けます。

このように、保育所等の場合はこれまでどおり市町村の窓口が申込先、幼稚園等の場合は直接施設が申込先ですが、幼稚園等の場合も市町村の認定を受けるようになったことが違いです。

Q13-2 認定こども園を利用する時も、家庭的保育事業等を利用する時も手続きは同じですか？

同じです。就労等によって保育を必要とする場合は、市町村の窓口で「保育の必要性」の認定を申請し、市町村の利用調整を経て、認定こども園、家庭的保育事業者等と契約します。保育の必要性がない場合は、直接認定こども園に申し込み、認定こども園を通じて市町村に「教育標準時間」の認定手続きを行います。

3	4	5
幼稚園等を通じて利用のための認定を申請します	幼稚園等を通じて市町村から認定証が交付されます（1号認定）	幼稚園等と契約をします
3	4	5
保育所等の利用希望の申込みをします（希望する施設名などを記載）	申請者の希望、保育所等の状況などにより、市町村が利用調整をします ※保育を必要とするお子さん（2号、3号認定）の場合、必要に応じて市町村が利用可能な保育所等のあっせんなどもします。	利用先の決定後、契約となります

成26年度9月改訂版）

認定

14 「認定」とは、だれが何を認定するのですか？

「認定」とは、市町村が、その子どもが施設等で教育・保育を受けるためのお金を、いくら支払うのか限度額を決める手続きです。

「認定」には、「1号認定」（教育標準時間認定）、「2号認定」（3〜5歳児で、保育を必要とする場合）、「3号認定」（0〜2歳児で、保育を必要とする場合）の3つの認定区分があります。保育を必要とする「2号認定」「3号認定」の場合、さらに「保育の必要量」と「優先利用」をあわせて審査されます（図表3-2）。

「保育の必要性」では、保護者の就労など10項目の事由にあてはまるかどうかを審査します（図表3-3）。「保育の必要量」では保育を必要とする時間が「保育標準時間」（おおむね1日11時間）、「保育短時間」（おおむね8時間）かを審査します。「優先利用」では、ひとり親家庭、生活保護家庭、生活中心者の失業、子どもに障害があることなどにより「優先利用」の対象となるかどうかを審査します。

審査に基づいて、市町村は「認定証」を交付します。「認定証」には

図表3-2　認定区分と利用できる施設・事業

認定	保育の必要性	年齢	保育時間	施設・事業など
1号認定	保育を必要としない	3歳〜5歳	教育標準時間　4時間	幼稚園
				認定こども園
2号認定	共働きなどで保育が必要	3歳〜5歳	保育標準時間　11時間 保育短時間　　8時間	認定こども園
				保育所
3号認定	共働きなどで保育が必要	0歳〜2歳	保育標準時間　11時間 保育短時間　　8時間	認定こども園
				保育所
				家庭的保育事業等

出所：著者作成

「認定区分」(1号認定・2号認定・3号認定)、「保育の必要量」(保育標準時間・保育短時間)が記載されます。「優先利用」の審査結果は、市町村が利用調整する際に用いられ、認定証には記載されません。

3つの認定区分に応じて、利用できる施設や事業が異なります。1号認定は幼稚園、認定こども園、2号認定は保育所、認定こども園、3号認定は保育所、家庭的保育事業等です(**図表3-2**)。

図表3-3　保育を必要とする場合(2号認定、3号認定)の事由等

❶ 保育を必要とする事由 次のいずれかに該当することが必要です。
- ☐ 就労(フルタイムのほか、パートタイム、夜間、居宅内の労働など、基本的にすべての就労を含む)
- ☐ 妊娠、出産
- ☐ 保護者の疾病、障害
- ☐ 同居又は長期入院等している親族の介護・看護
- ☐ 災害復旧
- ☐ 求職活動(起業準備を含む)
- ☐ 就学(職業訓練校等における職業訓練を含む)
- ☐ 虐待やDVのおそれがあること
- ☐ 育児休業取得中に、既に保育を利用している子どもがいて継続利用が必要であること
- ☐ その他、上記に類する状態として市町村が認める場合

※同居の親族の方が子どもを保育することができる場合、利用の優先度が調整される場合があります。

❷ 保育の必要量 就労を理由とする利用の場合、次のいずれかに区分されます。
- **ⓐ**「保育標準時間」利用　▶ フルタイム就労を想定した利用時間(最長11時間)
- **ⓑ**「保育短時間」利用　▶ パートタイム就労を想定した利用時間(最長8時間)

※「保育短時間」利用が可能となる保護者の就労時間の下限は、1ヶ月当たり48~64時間の範囲で、市町村が定めることとなります。

❸「優先利用」への該当の有無

ひとり親家庭、生活保護世帯、生計中心者の失業、お子さんに障害がある場合などには、保育の優先的な利用が必要と判断される場合があります。

具体的な運用は市町村において順次検討が行われます。詳細は、お住まいの市町村におたずねください。

出所:内閣府・文部科学省・厚生労働省「子ども・子育て支援新制度　なるほどBOOK」(平成26年度9月改訂版)

保育認定

Q15-1　新制度では、さまざまな働き方（夜間、パートなど）でも保育所等を利用できるそうですね。

　保育を必要とする事由のうち、「就労」の規定が、以下のように変わりました。
　施行前：昼間労働することを常態としていること
　施行後：就労（フルタイムのほか、パートタイム、夜間など基本的にすべての就労に対応、ただし一時預かりで対応可能な短時間の就労は除く）
　ここでいう「一時預かりで対応可能な短時間」とは、月48～64時間の範囲内で市町村が定めます。
　しかも注目したいことは、「昼間の労働が常態」という制約がなくなったことです。その結果、夜、子どもと夕食を食べてから、近くの事業所やコンビニで3～4時間働くという働き方でも、昼食だけ食堂で3時間程度皿洗いする働き方でも、決算時期が忙しい月末の1週間程度だけ働く場合でも、1日おおむね8時間以上の教育・保育を受ける権利が認定されるようになりました。
　次に注目したいことは、「保育の必要性」から「同居の親族その他の者が当該児童を保育することができないと認められること」という条件をなくしたこと、「同居の親族その他の者が当該児童を保育することができる場合」を、定員を超えて希望者があった時の優先順位を決める基準にしたことです。その結果、祖父母が同居又は近くに住んでいても、保育の必要性が認定されるようになりました。
　「保育の必要性」が認定されたからといって、保育所等の利用が保障されるわけではありません。保育所等が不足している場合や、労働の時間

帯に見合った保育所等がない場合です。しかし、まず「2号認定」「3号認定」を確定させ、次に子どもと保護者にとって最適な保育を受けられるように、市町村に保育所等の利用調整を申し込むこと、不足している時は保育所等の整備を要求することが大切です。

では、月48～64時間未満（週12～16時間未満相当）の短時間、非定型の労働だと、保育所等を利用できないのでしょうか。このような場合、国は、市町村事業の1つである「一時預かり事業」の利用を基本に考えています（63頁を参照）。

しかしこれまでも、自家消費程度の畑仕事であっても、「労働」の実態があれば、保育所等の利用を認めてきた市町村があります。施行後も、保育所等の整備状況や子どもの育ちの最適性から、市町村が「保育の必要性」を認定することは可能です。子どもの育ちと子育ての最適性を基本にした、市町村におけるルールづくりが求められます。

Q15-2　求職活動中でも「保育の必要性」が認定されますか？

求職活動も「保育の必要性」の事由に挙げられています。ただし期間限定で、90日を上限に市町村が定める期間とされています。国は、90日の根拠として、雇用保険の失業給付日数（基本手当）の支給日数であることを挙げています。

しかし、この期間内に就職できるとは限りません。その場合、引き続き求職活動により保育が必要な状況であれば、市町村が期間を延長できるとしています。

Q15-3 上の子どもが保育所を利用しています。下の子どもの育児休暇に入っても引き続き保育所等を利用できますか？

「保育の必要性」の事由の1つが「育児休業取得時に、既に保育を利用している子どもがいて継続利用が必要であること」です。つまり育児休業中でも、市町村の判断によって利用できます。

国は、旧制度での取り扱い状況、保護者の希望、地域の保育実情などを踏まえ、①次年度に小学校入学を控えているなど、子どもの発達上環境の変化に留意する必要がある場合、②保護者の健康状態やその子どもの発達上環境の変化が好ましくないと考えられる場合など、市町村が児童福祉の観点から必要と認める時という考え方を示しています。

Q15-4 子どもに障害があり、保健師さんから、保育所で遊びや食事などを通じて子どもに働きかけるとよいといわれています。しかし保護者が働いていないと利用できないのですか？

市町村が、子どもの育ちにとって保育所等での保育が必要であると認めれば、「2号認定」「3号認定」を受けることが可能です。

これまで国（児童福祉法を所管する厚生労働省）は、「保育所における保育は、保護者の就労等により、家庭で必要な保育が受けることが困難な子どもを対象としている。障害児だからといって保育に欠けるわけではない」という考え方を示してきました。

しかし新制度にあたって国（子ども・子育て支援法を所管する内閣府）は、子どもに障害がある場合の「保育の必要性」認定も、「その他、上記に類する状態として市町村が認める場合」に含まれるという考え方を示しました。このことは、「保育の必要性」を市町村が地域の実情や子どもと保護者の実態をふまえて、幅広く認定できることを示しています。

教育標準時間認定

Q16-1 幼稚園を利用するときは、例外なく1号認定（教育標準時間認定）を受けるのですね？

1号認定は2号認定を受けないすべての3歳以上の子どもが対象です。教育標準時間は1日4時間です。ただし、新制度に基づく教育標準時間の給付を受ける手続きなので、新制度を利用しない幼稚園を利用する場合は必要ありません。

保育所・認定こども園を希望していたのに入園できず、私学助成の幼稚園を利用することになった場合であって、かつ引き続き保育所・認定こども園の利用を希望する場合は、市町村から2号認定を受け、利用調整申し込みをしておくことになります。

Q16-2 3歳の子どもがいます。施行後は、誰もが3歳児保育を受けられると聞きましたが、入園させたい近くの公立幼稚園では、3歳児保育を実施していません。どうすればいいのですか？

新制度は、保育を必要とする子どもを除くすべての3～5歳児に、教育標準時間の教育・保育を受ける権利を保障しています。だから保護者が直接市町村に申請すれば、市町村は1号認定しなければなりません。

市町村のなかには、私立幼稚園の経営を圧迫するからと、公立幼稚園での3歳児保育や預かり保育を実施しないところもみられます。しかし国を挙げて3～5歳児に例外なく4時間の教育・保育を保障する制度に移行したのですから、市町村が自ら設置運営する公立幼稚園で、率先して3年保育を実施すべきです。そのためにも、市町村に「1号認定」を認めさせ、3年保育実施を求めてはどうでしょうか。

保育時間

17 利用できる保育時間は、どのようになりますか？

　利用できる保育時間は、認定された時間（保育標準時間・保育短時間）によって決まります（教育標準時間は37頁を参照）。

　保育標準時間、保育短時間の違いは次のとおりです。

○保育標準時間（1日11時間）：1ヶ月あたり120時間程度以上の就労、フルタイム労働を想定。

○保育短時間（1日8時間）：1ヶ月あたり120時間程度未満、48〜64時間以上の就労、パートタイム労働等を想定。

　施設・事業者があらかじめ決めた保育時間帯の範囲内で、かつ認定された保育時間の範囲内であれば、基本の保育料のみで利用できます。そしてそれを超える保育は延長保育料や預かり保育料等、別途費用負担が発生します。

　基準となる保育時間は、「保育標準時間は7時から18時、保育短時間は9時から17時まで、教育標準時間は9時から13時まで」など、基本となる保育時間帯は施設・事業者ごとに決めることになっています。

　具体的にAさんの家庭を例に考えてみましょう。Aさんの父親はフルタイム労働、母親は毎日5時間のパートタイム労働と仮定します。

○市から認定された区分：保育短時間（8時間）

○利用するB保育所の開所時間：7時〜19時

○B保育所が定める短時間保育の保育時間帯：9時〜17時

○母親が働いている時間帯：13時〜18時、通勤時間：片道30分

○保育が必要な時間：12時30分〜18時30分（送り迎えを母親が担当）

　この場合、9時〜12時30分の時間帯は、利用しなくても保育料は減額されず、17時以降は延長保育料が必要です。午前中の3時間30分を利

用しなかったからといって、その分を夕方や他の日に振り替えることができないというのが、国の解釈です。それではパート等で家庭収入が低いのに、負担額（保育料＋延長保育料）は保育標準時間の負担額（保育料のみ）より重くなります。そこで、国は、このような場合、市町村の判断で保育標準時間に認定できるようになりました。

　子ども・子育て支援法第20条では、月を単位に保育必要量を決めると規定しています。ところが、保育が細切れにならない配慮、施設・事業者が保育士等を安定的に配置する配慮から、このような法律上の規定と矛盾するルールになったのです。

　したがって法律上の規定を根拠に月単位で保育時間を利用すること、すなわち日を超えて繰り入れ、繰り越しを行って延長保育料の負担をなくすことを主張することも可能だと思われます。

図表3-4　認定された保育量と延長保育の関係

出所：内閣府地方自治体担当者向け説明会（平成26年4月17日）資料

認定結果・認定の効力

Q18-1 認定申請の結果は、いつわかるのですか？

　市町村は、認定申請のあった日から30日以内に認定証を交付し、認定しない時は理由を記して保護者に通知しなければなりません。

　ただし4月入所に向けた受け付けのように、「特別な理由がある場合」には、審査に時間を要するため延期することができます。したがって多くの市町村では、4月入所に向けて10〜11月に認定申請を受け付けていますが、あらかじめ「審査結果は2月にお知らせする」などと、50日を超えた期限を設定しています。

Q18-2 認定された内容に有効期限はありますか？　いったん認定されれば卒園するまで手続きは要らないのですか？

　教育標準時間認定の有効期間は3年間（小学校就学前まで）です。保育認定の有効期間も3年間（2号認定は小学校就学前まで、3号認定は満3歳の誕生日まで）です。

　3号認定の場合、年度途中で満3歳の誕生日が到来します。厳密にこの規定を守れば、年度途中に2号認定を申請し、市町村は認定証を交付しなければなりません。そこで手続きの方法を市町村の裁量にゆだね、実質的な弊害がないよう配慮する、としています。

　なお3年間有効とはいえ、保育料の算出基礎となる所得状況等は変動しますから、1年に1回を基本に現況届を提出することになっています。

Q18-3 産前産後休暇や育児休業期間を終えて職場に復帰する時、リストラされて失業した時、就労時間が大幅に変わった時、他の市町村から転入した時、どのような手続きが要りますか？

　仕事をやめたり、フルタイムからパートタイム労働に変わったり、親の介護の必要がなくなるなど、1号認定（教育標準時間）、2号認定（保育標準時間、保育短時間）、3号認定（保育標準時間、保育短時間）の区分が変わるようなことがあれば、新たに認定申請が必要です。求職活動が事由であれば、90日を基本に市町村が定める期間を超えると、同じ手続きが必要です。手続きは市町村で行いますので、市町村の窓口で相談してください。

　他の市町村に住所を移した時も移転先の市町村で認定申請し直さなくてはなりません。住民票のある市町村に認定権限があり、認定証は交付した市町村でのみ効力を有します。

Q18-4 市町村の認定結果に納得がいかない時、保護者はどうすればよいのですか？

　さまざまな事情があって保育を必要としていながら、市町村が保育の必要性（2号認定、3号認定）を認めず、あるいは保育標準時間でなく保育短時間しか認めない場合がありえます。

　市町村の認定・不認定に納得できなければ、市町村の窓口で理由を確かめ、訂正を求めましょう。それでも納得できなければ、行政不服審査法に基づく異議の申し立て、行政事件訴訟法に基づく行政訴訟に訴えることができます。認定・不認定は行政処分であるからです。

利用申し込み・利用調整・契約

Q19-1　保育所等の利用手続き、幼稚園等の利用手続きはどうなりますか？　保護者が施設や事業者を回って決めるのですか？

　保育所の場合、児童福祉法第24条１項で、市町村が保育を実施する責任を規定しています。したがって、公立でも私立でも市町村が入所決定を行います。他方、直接契約型の施設・事業（認定こども園や家庭的保育事業等）は、認定を受けて、直接施設に申し込み、契約することが建前です。しかし、市町村の保育実施責任の後退を危惧する声に押されて、子ども子育て支援法に市町村の利用調整責任を設けました。保育を必要とする「２号認定」「３号認定」の場合、保護者が市町村に利用希望先を申し込めば、市町村が利用調整を行い、利用施設・事業を決めて保護者

図表３-５　一般的に想定している必要性の認定・利用調整の流れ（パターン１）

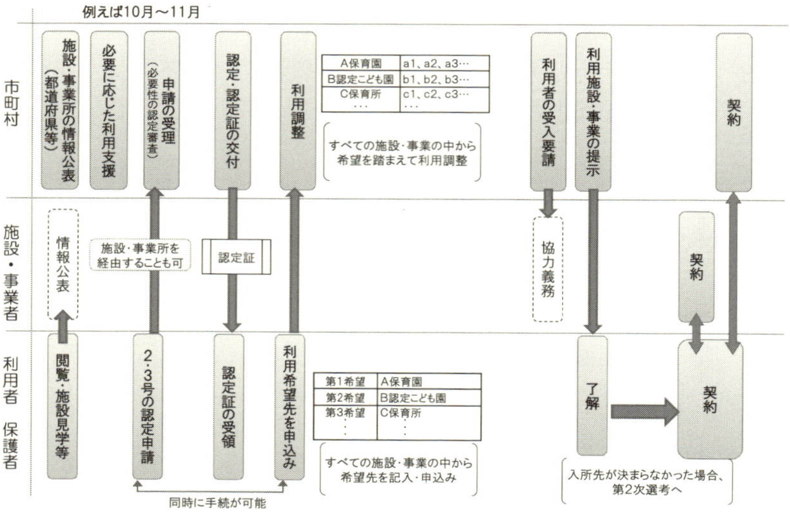

出所：内閣府地方自治体担当者向け説明会（平成26年９月11日）資料

に提示する仕組みです。この対象となる施設・事業は、保育所だけでなく、直接契約型の認定こども園、家庭的保育事業等も同列に扱われます。通常、多くの市町村では「保育の必要性」の認定申請と同時に利用申し込みを受け付けます。国が示した申請書は**図表３－６**のとおりです。

「1号認定」の場合は、「2号認定」のような市町村の利用調整がなく、保護者が幼稚園、認定こども園に直接、申し込みます。市町村の責任は教育標準時間にかかわる給付を行うことに限られます。

図表３－６　認定申請及び利用申込書の例

（第　号様式）　　　平成25年10月30日時点

施設型給付費・地域型保育給付費等　支給認定申請書（案）

平成　　年　　月　　日

保護者氏名　　　　　　印

市町村長　　殿
（管　理　者　　殿　）

次のとおり、施設型給付費・地域型保育給付費に係る支給認定を申請します。

申請に係る小学校就学前子ども	氏　　名	生年月日	性別	障害者手帳の有無
	（ふりがな）	平成　年　月　日生	男・女	有・無
保護者住所・連絡先	（住所） （連絡先）			
認定者番号	※既に支給認定を受けている場合に記入して下さい。			
保育の希望の有無（※）	有　：保護者の労働又は疾病等の理由により、保育所等において保育の利用を希望する場合（幼稚園等と併願の場合を含む）			
	無　：幼稚園等の利用を希望する場合（保育所等と併願の場合を除く）			

（※）
・「保育所等」とは、保育所、認定こども園（保育部分）、小規模保育、家庭的保育、居宅訪問型保育、事業所内保育をいいます。（以下同じ）
・「幼稚園等」とは、幼稚園、認定こども園（教育部分）をいいます。
・「有」を○で囲んだ場合は①～④に、「無」を○で囲んだ場合は①、②及び④に必要事項を記入して下さい。

①世帯の状況

区分	氏　　名	児童との続柄	生年月日	性別	職業又は学校名等	前年度分（当年度分）市町村民税課税の有無	備考
児童の世帯員	（ふりがな）		年　月　日生	男・女		有・無	
	（ふりがな）		年　月　日生	男・女		有・無	
	（ふりがな）		年　月　日生	男・女		有・無	
	（ふりがな）		年　月　日生	男・女		有・無	
	（ふりがな）		年　月　日生	男・女		有・無	
生活保護の適用の有無	適用無し　・　適用有り（平成　年　月　日保護開始）						

②利用を希望する期間、希望する施設（事業者）名

利用を希望する期間	平成　年　月　日から　平成　年　月　日まで		
利用を希望する施設（事業者）名	施設（事業者）名・希望理由		事業所番号＊
	第１希望	（希望理由）	
	第２希望	（希望理由）	
	第３希望	（希望理由）	

○「記入上の注意」をよく読んでから記入して下さい。＊印の欄は市町村記載欄ですので、記入する必要はありません。
○字は楷書ではっきりと書いて下さい。

（表面）

③保育の利用を必要とする理由等
※保護者の労働又は疾病等の理由により保育所等において保育の利用を希望する場合に記入して下さい。

	続柄	必要とする理由	備考
保育の利用を必要とする理由		□就労 □妊娠・出産 □疾病・障害 □介護等 □災害復旧 □求職活動 □就学 □その他（ ） （具体的な状況（勤務先、就労時間・日数等や疾病の状況など））	
		□就労 □妊娠・出産 □疾病・障害 □介護等 □災害復旧 □求職活動 □就学 □その他（ ） （具体的な状況（勤務先、就労時間・日数等や疾病の状況など））	
家庭の状況	□ひとり親家庭　・　□左記以外		
希望する利用時間	利用曜日	利用時間	
	曜日から　曜日まで	時から　時まで	

④税情報等の提供に当たっての署名欄

市町村が施設型給付費・地域型保育給付費等の支給認定に必要な市町村民税の情報（同一世帯者を含む）及び世帯情報を閲覧すること。また、その情報に基づき決定した利用者負担額について、特定教育・保育施設等に対して提示することに同意します。

保護者氏名　　　　　　印

＊市町村記載欄

受付年月日	平成　年　月　日

認定の可否	認定者番号	認定区分等
可・否 （否とする理由） 平成　年　月　日認定		□1号　□2号　□3号 （□標　□短）
支給（入所）の可否		支給(利用)期間
可・否 （否とする理由） 〔□施設型　□地域型　□特例施設型　□特例地域型〕		自 平成　年　月　日 至 平成　年　月　日
入所施設（事業者）名		
〔□認定こども園（□連　□幼（□幼 □保）　□保（□保 □幼）　□地（□幼 □保）） □幼稚園　□保育所　□地域型（□小　□家　□居　□事）〕		
備　考		

＊施設記載欄（施設（事業者）を経由して市町村に提出する場合）

受付年月日	平成　年　月　日

施設（事業者）名	（事業所番号：　　　）
担当者氏名連絡先	（担当者） （連絡先）
入所契約（内定）の有無	有（ 契約・内定　（平成　年　月　日契約（内定）））　・　無
備　考	

（裏面）

出所：内閣府地方自治体担当者向け説明会（平成25年10月30日）資料

Q19-2 「2号認定」の場合でも、幼稚園を利用できますか？

「2号認定」を受けても、利用調整の結果、保育所等を利用できない場合などは、特例として、幼稚園を利用できます。幼稚園入園後、保育所等への転園を希望しない場合は、「2号認定」から「1号認定」へ変更します。

なお、保護者の就労等により「2号認定」を受けられる場合でも、幼稚園の利用を希望する場合は、「2号認定」でなく、「1号認定」を受けて幼稚園を利用します。午後の保育が必要ならば、一時預かり事業（幼稚園型）の利用が考えられます（一時預り事業については63頁を参照）。

Q19-3 他市から転入しましたが、前から利用している保育所（幼稚園）を引き続き利用できますか？ 保護者が直接、施設や事業を選び、利用できますか？ その場合、市町村から給付を受けられますか？

居住する市町村の境界を越えて、他市町村の施設、事業をする場合を広域利用といいます。「1号認定」「2号認定」「3号認定」の認定と利用調整は、居住地（転入先）の市町村が行います。

保護者が直接、施設・事業に申し込み、認定区分（保育標準時間、保育短時間）に応じた給付を受けることもできます。ただし直接契約型の施設・事業に限られます。保育所の場合はもっぱら、市町村が入所を決定し、保護者は市町村と契約することになります。

Q19-4 「2号認定」「3号認定」を受ければ、確実に施設を利用できますか？

　市町村から「2号認定」「3号認定」の認定証を交付されたからといって、保育所等の利用を約束されたわけではありません。
　保育が必要なのに保育所に入所できない「待機児童問題」は、とりわけ都市部では深刻でした。新制度が施行されたからといって、保育所等が新増設されない限り、「保育の必要性」を認定されても、「待機児童問題」は解決されません。ましてや、働きながら子育てする保育ニーズは広がる一方ですし、短時間、非定型の就労も保育要件に含まれたので、保育所不足のおそれが広がります。また保育時間等が勤務状況と合わない可能性もあります。
　したがって、市町村に利用調整責任がありますから、市町村に強く、保育所等への入所を迫るとともに、保育所等を新増設させるように働きかけることが必要です。

Q19-5 市町村の利用調整に納得できない時や、どの施設・事業も利用できない時、保護者はどうすればよいのですか？

　市町村から示された施設・事業では、勤務状況や送迎、保育時間、保育料外負担、保育内容等から考えて、とても利用できない場合があります。市町村の利用調整責任を最大限に活用して、子育てと子どもの育ちに必要な施設・事業の提供を粘り強く求めることが基本です。
　同時に、行政不服審査法に基づく異議の申し立て、行政事件訴訟法に基づく行政訴訟に訴えることもできます。国は「直接契約の施設であっても、利用調整の結果は事実上入所の可否を左右するものであり、処分性があると考えられます」という考え方を示しています。

第4章　利用者負担

Q20-1　保育料とは何ですか？

　保育料とは、保育所や認定こども園、幼稚園あるいは家庭的保育事業等で保育を受けた際に負担する利用料の事です。

　保育所、認定こども園、家庭的保育事業等と新制度に入る幼稚園の保育料は市町村が決めます。市町村は国が示す保育料を上限にして、市町村独自で保育料を決める事ができます。

　保育料には、基本的な保育料のほか、新制度では上乗せや実費徴収が可能になりました（上乗せ、実費徴収については50頁を参照）。また、施設独自で延長保育料、オプション料金などを徴収する場合もあります（オプション料金については50頁を参照）。それらは施設で料金を決めるので、入所申請の際は負担総額を確認しましょう。

Q20-2　保育料はどのように決まるのですか？

　新制度では保護者の①所得、②保育の必要性、③保育の必要量により決まります。保育の必要性とは、1号認定（3歳以上で保育を必要としない）、2号認定（3歳以上で保育を必要とする）、3号認定（3歳未満で保育を必要とする）のことです。それに保育必要時間を組み合わせて決定します。具体的には図表4-1、4-2のように所得に応じて負担することになります（応能負担）。

　幼稚園を利用する場合は、教育標準時間が適用され、保育料は応能負担により定められます。最高額は25,700円です。旧制度では所得に関係なく一律ですが、新制度では所得によって変わります。幼稚園の保育料については50頁を参照して下さい。

図表 4-1　1号認定の国が定める保育料（国が定める額）

認定区分	1号認定
教育標準時間	4時間
①生活保護世帯	0円
②市町村民税非課税世帯	9100円
③所得割課税額　77100円以下	16100円
④所得割課税額　211200円以下	20500円
⑤所得割課税額　211200円以上	25700円

出所：著者作成

図表 4-2　2号認定、3号認定の国が定める保育料（国が定める額）

認定区分	2号認定		3号認定	
	標準時間	短時間	標準時間	短時間
	11時間	8時間	11時間	8時間
①生活保護世帯	0円	0円	0円	0円
②市町村民税非課税世帯	6000円	6000円	9000円	9000円
③所得割課税額　48600円未満	16500円	16300円	19500円	19300円
④所得割課税額　97000円未満	27000円	26600円	30000円	29600円
⑤所得割課税額　169000円未満	41500円	40900円	44500円	43900円
⑥所得割課税額　301000円未満	58000円	57100円	61000円	60100円
⑦所得割課税額　397000円未満	77000円	75800円	80000円	78800円
⑧所得割課税額　397000円以上	101000円	99400円	104000円	102400円

出所：著者作成

　保育所、認定こども園、家庭的保育事業等を利用する場合は、保育標準時間または保育短時間のいずれかの保育料を負担します。最高額は、3歳未満・保育標準時間で104,000円、3歳以上では101,000円です。応能負担ですから生活保護世帯は、幼稚園も保育所等も0円です。

　所得は、保護者の前年度支払った市町村民税をもとに所得階層に区分して保育料を定めます。階層区分は、幼稚園は5区分、保育所等は8区分となります。市町村民税の負担の基礎となるのは、世帯の年間収入です。両親共働きの場合は、夫婦収入の合計により階層を決定します。両

親と祖父母が同居している場合、祖父母が働いて収入があれば、それも含めて計算されます。

　保育所、認定こども園、家庭的保育事業等では保育条件が異なります。しかし、所得が同じなら、どの施設、事業を利用しても、同一の保育料を負担することになります。

　また新制度の場合、保育料について公立、私立の違いもありません。ただし、公立幼稚園の保育料については50頁を参照してください。

……コラム……

なぜ保育所だけ保育料を市町村に支払うの？

　新制度では児童福祉法24条第1項により市町村に保育の実施義務が課せられました。市町村は、公立保育所を設置するか、社会福祉法人等に保育を委託することになりました。

　保育所を利用する場合、公立、私立に関係なく保護者は市町村と利用契約を結びます。そして、市町村が保育料を徴収し、私立保育所に対しては保育所の運営に必要な経費を委託費として支払います。

　認定こども園、家庭的保育事業等には24条第1項が適用されず、保護者は施設、事業者と直接契約を結びます。そのため、保育料も施設、事業者に支払います（子ども・子育て支援法附則6条及び児童福祉法24条第1項）。

Q21 保育料は市町村によってちがうのですか？

　新制度における保育料は、公定価格から施設型給付費を差し引いた金額です。公定価格は、児童1人を1か月保育するために必要な経費です。施設型給付費は、利用者個人へ給付される現金です（実際は施設・事業者の代理受領）。

　しかし、国が定める保育料は高いため、市町村が独自に市町村負担を決め、保育料を下げることができます。

　そのため、市町村によって保育料がかわります。市町村は、国の基準を超えた保育料を徴収することはできません。

図表4-3　保育料の仕組み

Q22 保育料はどこに支払いますか？　滞納したらどうなりますか？

　保育料の滞納が生じた場合、保育所については市町村が保育料を徴収することから市町村の責任で処理することになります。保育料の滞納が退所につながることはありません。認定こども園や家庭的保育事業等は、直接契約であるため滞納は退所につながります。

　なお、認定こども園等、直接契約の施設、事業者が、保育料の徴収を誠実に行ったにもかかわらず滞納が発生した場合は、市町村に保育料の徴収を要請することができます（児童福祉法第56条11項）。市町村は、要請に応じて施設又は事業者に代わって保護者から保育料を徴収することができます。

Q23　幼稚園の保育料はどうなりますか？

　幼稚園、認定こども園、家庭的保育事業等を利用する場合は、保護者が施設又は事業者に支払います。保育所のみ市町村に支払います。

　私立幼稚園は、新制度に入るかどうか幼稚園の判断に任されています。新制度に入らない幼稚園は、これまでどおり入園料と施設が定める一律の保育料を保護者から徴収することができます。私学助成による経常費補助金および市町村による就園奨励費補助の対象となります。

　新制度に入ると入園料はとることはできません。市町村が定める応能負担による保育料となります。ただし、施設が定める上乗せ徴収は可能です。

　幼稚園の保育料ですが、国が定める保育料は公立と私立を区別せず、同額です。しかし、公立幼稚園の保育料については、これまでも私立幼稚園の保育料より低額に定めた経過もあり、市町村の判断で国の基準にかかわりなく独自に定めてもよいと政府は説明しています。

Q24　保育料以外の負担はどうなりますか？

　新制度では、保育料以外にも上乗せ・実費徴収ができることになりました。上乗せ徴収の対象は、①教員配置の充実、②高処遇を通じた教員の確保、③設備更新の前倒し、④特別な教育を実施するために要する費用などです。これらの費用を保護者から徴収できます。

　実費徴収は、①日用品、文房具などの購入費用、②行事への参加費、③３歳以上の主食費、④通園の便宜に要る費用、⑤施設の利用に際して必要とされる費用（制服、制帽、カバン、靴など）などのことで、保護者から徴収できます。

　上乗せ・実費徴収の対象は全利用者です。上乗せ・実費徴収について

は、文書又は口頭により使途目的、理由、金額を説明して保護者の同意を必要とします。私立保育所のみ市町村の同意が必要です。

保育料以外の日用品、文房具、行事への参加費、3歳以上の主食費については、保育本来の仕事をするために必要不可欠な費用であり公定価格に含まれるべき性質のものです。新制度では、公立、私立に関係なく保育料は同一です。また、保育所、認定こども園、家庭的保育事業等のどれを利用しても保育料は同じです。ところが、実費・上乗せ徴収の範囲が広がりますと、保育料に高低が生じます。負担額が高い施設の場合、それだけの金額を負担できる保護者しか利用できないということが生じ、保護者の所得により保育の格差が生まれることになります。保育の平等性の確保から実費・上乗せ徴収はできる限り最小限度にとどめるべきです。

また、オプション料金（体育教室、スイミング、英語教室など）も設定できます。これは、希望者から徴収します。

内閣府令「特定教育・保育施設及び特定地域型保育事業の運営の基準」第24条では「特定教育・保育の提供に要する費用を負担するか否かによって、差別的取り扱いはしてはならない」とされています。施設・事業者は、保育料以外の負担については慎重な配慮が求められています。

Q25 延長保育料はどうなりますか？

国は、「保育短時間認定の子どもの保育時間（8時間）は施設ごとに決めてもよいこととする。例えば9～17時までと一律の時間帯を設定」することができるとしています。これによれば、8～16時まで利用する保護者は1時間分の延長保育料を負担することになります。しかし、政府の2014年11月の説明では、延長保育料を考慮し、保育短時間認定に該

コラム

新制度でも減らない保育料の負担

　国が示す保育料では、3歳以上の保育標準時間の最高額は10万1000円です。3歳未満の最高額は、保育標準時間では10万4000円です。旧制度の保育料の最高額そのものです。新制度においても高い保育料の問題は解決されていません。幼稚園の保育料は、年収360万～680万円で2万500円、680万円以上は2万5700円です。

　子育ての経済的負担が少子化の要因となっていることは各種の調査で指摘されています。少子化対策の観点からも負担を軽減するために以下の取り組みが必要です。①国の高い保育料徴収基準を大幅に改善することです。②実際に徴収する保育料は市町村が決めます。市町村は旧制度では国基準より低く設定しています。新制度でも国基準より保育料を下げるべきです。③市町村は時間外保育や日用品・文房具・行事への参加費その全部又は一部を助成することができます。保育料以外の負担軽減も必要です。

　保育料は前年度の収入によって定める市町村民税額に基づいて、その額を決めます。しかし、経済的変動の激しい時代です。当年度において雇用が変化したことにより収入が著しく減った場合は、当該年度の収入により所得階層の認定を変更する仕組みを確立し負担軽減を図るべきです。

当する子どもを市町村の判断で標準時間認定とすることができるとしています。具体的な認定時間について、市町村に確認していく事が必要です。延長保育料については38頁を参照して下さい。

Q26 多子減免はありますか？

複数の子どもがいる場合、保育料の軽減措置があります。1号認定の子ども（教育標準時間）の場合は、3歳から小学校3年生以下の範囲で第何子かをカウントします。2号・3号認定の子ども（保育標準・短時間）の場合は、0歳から就学前の範囲で第何子かカウントします。第2子は半額、第三子以降は無料となります。

また、市町村の判断で減免対象を拡大する事も可能です。

図表4-5 多子減免の仕組み

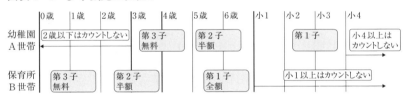

出所：著者作成

第5章　障害児の保育

27　障害児を育てるための保育・療育はどうなりますか？

　現在、障害児を育てるための保育・療育に関する施策は、児童福祉法及び障害者総合支援法の2法を根拠に進められています。児童福祉法では、障害児通所支援と障害児入所支援が規定されています。通所支援には、図表5-1のとおり5つの事業があります。こうした通所支援を利用することと同時に、障害者総合支援法に規定する居宅サービスや通所サ

図表5-1　障害児が利用できる主な居宅・通所支援サービス

児童福祉法	障害児通所支援	福祉型児童発達支援	日常生活における基本的な動作の指導、知識技能の付与、集団生活への適応訓練などの支援を行う。児童発達支援センターと児童発達支援事業とがある。
		医療型児童発達支援	日常生活における基本的な動作の指導、知識技能の付与、集団生活への適応訓練などの支援及び治療を行う。
		放課後等デイサービス	授業の終了後または休校日に、児童発達支援センター等の施設に通わせ、生活能力向上のための必要な訓練、社会との交流促進などの支援を行う。
		保育所等訪問支援	保育所等を訪問し、障害児に対して、障害児以外の児童との集団生活への適応のための専門的な支援などを行う。
		障害児相談支援	障害児通所支援の申請に係る給付決定の前に利用計画案を作成。給付決定後、事業者等と連絡調整等を行うとともに利用計画を作成。
障害者総合支援法	居宅サービス	居宅介護（ホームヘルプ）	自宅で、入浴、排せつ、食事の介護等を行う。
		行動援護	自己判断能力が制限されている人が行動するときに、危険を回避するために必要な支援、外出支援を行う。
		短期入所（ショートステイ）	自宅で介護する人が病気の場合などに、短期間、夜間も含め施設で、入浴、排せつ、食事の介護等を行う。

出所：著者作成

第5章　障害児の保育　55

図表5-2　障害児の地域支援体制の整備の方向性のイメージ

[図：各地域の実情に応じて、関係機関の役割分担を明確にし、重層的な支援体制を構築する必要がある。

都道府県：
・高度な専門的支援・バックアップ
・（自立支援）協議会
→ 発達障害者支援センター（都道府県指定都市）、拠点病院（子どもの心の診療ネットワーク等）、児童相談所（都道府県指定都市児相設置市）

障害保健福祉圏域：
・関係機関等と連携協力による支援機能の強化
・障害児への入所支援を提供
・（自立支援）協議会
→ 医療機関（※一定程度高度な対応が可能なところ）、保健所、児童発達支援センター（※医療型含む）、集団生活への適応等を支援（アウトリーチ）、保育所等訪問支援、障害児相談支援等、障害児入所施設、障害児支援等の利用援助その他の支援

市町村域：
・障害児への通所支援を提供
・地域支援の提供（保育所等訪問支援、障害児相談支援等）
・（自立支援）協議会
→ 保育所等、学校、放課後等デイサービス、児童発達支援事業、障害福祉サービス、市町村保健センター、地域の医療機関等

中心：障害児・家族（直接支援）

※人口規模等に応じて各圏域に複数の拠点が必要]

出所：障害児支援の在り方に関する検討会「今後の障害児支援の在り方について（報告書）」（2014年7月16日）

ービスの一体的利用が可能になっています。

　居宅介護（ホームヘルプ）、行動援護、短期入所（ショートステイ）の3つは、障害者総合支援法に定める居宅サービス事業です。他に、同行援護と重度障害者等包括支援が児童も対象にされている事業です。

　障害児通所支援や支援法に基づく居宅サービスを利用する場合は、市町村に障害支援区分の認定について申請し、障害児支援利用計画やサービス等利用計画の作成をします。その後、利用者は支給決定されたのちに施設・事業所等と契約を結びます。なお、障害児入所支援を利用する場合は、児童相談所に申請します。

　障害児を対象とした事業は多岐にわたります。障害児を育てるためにどのような事業を利用したらいいのか、市町村や障害児相談支援事業所、保健所などと相談しながら、適切な保育・療育を選択することが重

要です。

　なお、児童発達支援センターは、その専門的機能を活かし、例えば障害福祉圏域や市町村等を単位として、児童相談所等とも連携しつつ、当該地域で生活している障害児やその家族からの相談に応じます。また、児童発達支援等の事業所や障害児を受け入れている保育所等への専門的な支援の実施、人材育成や地域住民が障害児者に対する理解を深めるための活動を行うなど、当該地域における障害児支援の中核施設としての役割も求められています（**図表5-2を参照**）。

 障害児の保育所入所はどうなりますか？

　新制度の施設・事業所のうち、保育所の場合は保護者と市町村との契約関係にあるため、申込者が定員を超えていない限り入所拒否されることはまずありません。しかし、認定こども園や幼稚園、家庭的保育事業等については、保護者は各施設・事業者と契約することになるため、そこで入所が拒否される可能性はあります。

　各施設・事業者には、保護者から利用申し込みがあった場合に「正当な理由がなければこれを拒んではならない」と定められています。この「正当な理由」の例として「特別な支援が必要な子どもの状況と施設・事業の受け入れ能力・体制との関係」が示されています。障害児が安心して入所できるような受け入れ能力・体制を確保するよう国や市町村に働きかける必要があります。

Q29　障害の程度が重い子どもの保育はどうなりますか？

　地域型保育のうち居宅訪問型保育は、障害・疾病等の程度を勘案して集団保育が著しく困難であると認められる場合に利用が認められます。居宅訪問型保育事業者がこうした障害児の個別ケアを行う場合、連携施設（障害児入所施設、その他の市町村の指定する施設）を設定することになっています。保育にあたるのは家庭的保育者になります（26頁を参照）。

Q30　保護者が働いていなければ、障害のある子どもが、保育所で発達を保障するための保育を受けられませんか？

　新制度では、保護者が就労や就学でなければ、子どもに障害があっても保育の必要性があると認めてもらえません。市町村によっては、子どもの発達支援の必要性から、障害児の保護者の就労を保育要件にしていないところもあります。

　子どもの発達支援を保育要件にする市町村の場合には、優先利用の対象にもなるため、障害児の障害程度や保育所の体制等を無視して自動的に決定させられる可能性があります。子どもや家庭・地域の状況などにより、発達相談員などの専門家と相談しながら児童発達支援などの療育の場も選択できるとよいでしょう。保育所に通いつつ児童発達支援も利用する「並行通園」を実施している市町村もあります。

　重要なことは、障害のある子どもたちに、遊びや食事、昼寝などの生活時間を通して、その発達を支援することです。特に、保育所のほかに障害児の過ごす場所がない市町村では、保育所における障害児保育は極めて重要な社会資源といえます。

Q31 市町村以外に施設や事業所を利用するにあたって、相談できるところはありますか？

市町村によっては、「利用者支援事業」を実施するところがあります（60頁参照）。この事業は「地域子ども・子育て支援事業」の1つです。図表5-3にあるように、利用者支援事業は教育・保育施設や地域の子育て支援事業等を円滑に利用できるように、子どもとその保護者等からの相談に応じ、必要な情報の提供及び助言や、関係機関との連絡調整等を実施するものです。そのため、障害児を養育する家庭からの相談等についても、指定障害児相談支援事業所等と連携し適切な対応を図ることになっています。

図表5-3 障害児相談支援と子ども・子育て支援新制度「利用者支援事業」の連携の相談（イメージ）

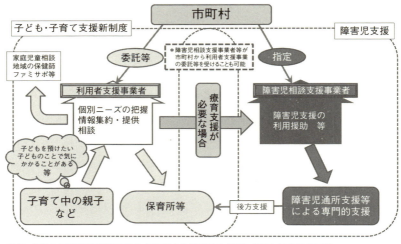

出所：「第9回障害児支援の在り方に関する検討会」資料（2014年6月27日）

Q32 障害児保育に対する国の補助などはあるのでしょうか？

　教育・保育施設については、従来通り「地方財政措置（地方交付税等）」となります。また、保育料以外の障害児保育のための費用は徴収されないでしょう。しかし、障害児通所支援や居宅サービスを利用する場合は、かかる費用の一部を負担することになります。

　一方、小規模保育事業や家庭的保育事業などの地域型保育事業については「障害児2人に対して保育士1人を配置」されるような補助金予算が示されています。

第6章　その他の市町村事業

利用者支援事業

33　新制度の「利用者支援事業」とは何ですか？

　利用者支援事業とは、子ども及びその保護者等、または妊娠している方が教育・保育施設や地域の子育て支援事業等を円滑に利用できるよう、身近な場所で情報収集と提供を行い、必要に応じ相談・助言等を行うとともに、関係機関との連絡調整等を実施し支援する事業のことです。これまでの「地域子育て支援拠点事業」（地域機能強化型）における地域支援機能と利用者支援機能を強化するために新制度で誕生した事業です。

　図表6-1にあるとおり、主な事業内容は「総合的な利用者支援」と「地域連携」と大きく2つに分かれています。その両方を行うか（基本型）、主に「利用者支援」を行うか（特定型）によって、実施形態が異なります。ここに配置される職員を利用者支援専門員と呼びます。

　「利用者支援事業ガイドライン（案）」によれば、事業実施にあたって以下の点を基本的姿勢にしています。①利用者主体の支援、②包括的な支援、③個別的ニーズに合わせた支援、④子どもの育ちを見通した継続的な支援、⑤早期の予防的支援、⑥地域ぐるみの支援、の6点です。

図表 6 - 1 「利用者支援事業」について

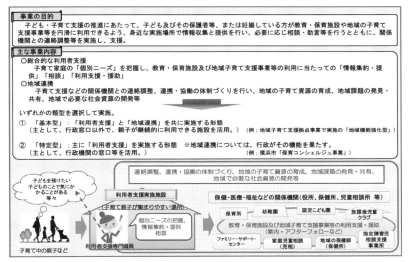

出所：内閣府子ども・子育て支援新制度施行準備室「利用者支援事業について」（平成26年9月）

Q34 利用者支援専門員は何をするのでしょうか？

　利用者支援専門員（図表6-1では利用者支援専門職員）は、利用者である保護者の個別ニーズの把握、情報集約・提供、相談を行います。利用者支援実施施設は、地域子育て支援センターなど子育て親子が集まりやすい場所に設置されます。

　保護者の個別ニーズを受け取った利用者支援専門員は、教育・保育施設及び地域子育て支援事業等の利用支援・援助を行います。その内容が案内にとどまるのか、アフターフォローまで行うのかは市町村しだいです。その他、個別ニーズによっては、保健・医療・福祉などの関係機関（役所、保健所、児童相談所等）とも連絡調整、連携・協働の体制づくりが行われます。

病児保育事業

Q35-1 うちの子は他の子よりも病気にかかりやすくて心配です。今の病児保育は新制度でどうなりますか？

　新制度で病児保育は「地域子ども・子育て支援事業」の1つに位置づけられます。しかし、旧制度と大きく変わることはありません。

　旧制度は、①病児対応型・病後児対応型、②体調不良児対応型、③非施設型（訪問型）の3つに区分されています。変更点は以下のとおりです。

　病児対応型・病後児対応型では、①担当職員による地域の保育所等への情報提供（感染症等）や巡回などの実施、②病後児保育の利用調整やファミリー・サポート・センター事業等を活用した医師への受診などの対応のため、他事業も含めた地域ネットワークの構築に努めること、③広域利用が適切に行われるよう各市町村で協定を締結する等調整すること、などが求められています。

　体調不良児対応型では、1つめに、認定こども園や事業所内保育、小規模保育において医務室が設けられている場合に、本事業の実施を認めることとしています。2つめに、現在看護師等を2人以上配置することが実施要件になっていますが、これを1人以上に緩和することになっています。非施設型（訪問型）では、研修が課題になっています。

　病気がちで感染症にかかりやすい特に3歳未満児にとって、これらの

図表6-2　病児保育実施状況（平成24年度）

病児対応型・病後児対応型	体調不良対応型	非施設型(訪問型)
計　1,102か所 （病児対応型561か所、病後児対応型541か所） 延べ利用児童数　約49万人	507か所	1か所

出所：著者作成

病児保育事業は必要不可欠です。本事業の補助金交付実績（平成24年度）は**図表6-2**のとおりです。

Q35-2　ちゃんとうちの市で実施されますか？

　市町村子ども・子育て支援事業計画には、病児・病後児保育について目標数値を定めることとなっています。そのため、ニーズ調査（14頁参照）の質問項目では、1年間における病気やケガで保育所等が利用できなかったかどうか、その場合にどのように対処したのか（父親・母親が休んだ、親族・知人にみてもらった、ファミリー・サポート・センターを利用した、仕方なく子どもだけで留守番をさせたなど）、その日数、できれば病児・病後児保育施設等を利用したいかどうか（及びその日数）、があげられています。これらのニーズ調査の結果は現行の提供量よりも大幅に高くなると思われます。つまり、病児・病後児保育の潜在的ニーズは高いのです。しかし、この結果に見合った確保方策を用意できるところは限られているようです。

　本事業は市町村事業のため、国・都道府県・市町村が1/3ずつ折半して実施されていますが、都道府県や国の負担割合を増やさなければ、潜在的ニーズに見合った確保は困難に違いありません。

一時預かり事業

Q36-1　これまで働いておらず、保育園の一時保育をたまに利用していました。一時保育も新制度で変わりますか？

　一時保育の制度は、「一時預かり事業」として位置づけられています。全体像は**図表6-3**のとおりです。

図表 6-3 一時預り事業の新制度移行

事業構成として、地域の実情に応じて活用できるよう、以下のとおりとする。

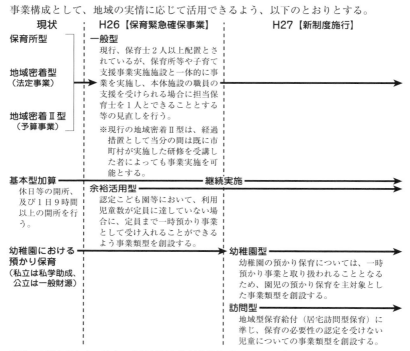

出所：内閣府子ども・子育て支援新制度施行準備室「一時預かり事業について」（平成 26 年 1 月）

一般型を含むそれぞれの変更点は**図表 6-4** のとおりです。

Q36-2　ちゃんとうちの市で実施されますか？

市町村子ども・子育て支援事業計画には、一時預かりについて目標数値を定めることとなっています。そのため、ニーズ調査の質問項目では、日中の定期的な保育や病気のため以外に、私用、親の通院、不定期の就労等の目的で不定期に利用している事業があるか、その日数、そして、今

図表6-4　一時預り事業の変更点

一　般　型 （基幹型加算）	保育士2人配置が困難だったため、保育士1人以上に。ただし、平均利用児童数が少ない場合には家庭的保育者で可。保育従事者は1/2以上を保育士とし、保育士以外は一定の研修を受けた者。場所についても「適切に事業実施ができる施設」に。基幹型加算（休日等の開所、及び1日9時間以上の開所を行う施設に加算）は従来どおり
幼 稚 園 型	幼稚園の園児を主な対象として実施。人員配置基準及び設備基準を新たに設定
余 裕 活 用 型	保育所等において、利用児童数が定員に達していない場合に、定員の範囲内で一時預かり事業を実施（職員の兼務可）
訪　　問　　型	児童の居宅において実施。居宅訪問型保育の実施基準、研修、対象児童等に準じて検討

出所：著者作成

後利用する必要があるかどうかを尋ねています。これも、ニーズ調査の結果は現行の提供量よりも大幅に高くなると思われます。一時預かりの潜在的ニーズは高いにもかかわらず、その結果に見合った確保方策を用意できるところが限られているようです。

Q37　幼稚園の預かり保育はどうなりますか？　他市町村の幼稚園を利用しているので心配です。

　幼稚園型については、市町村を越えた利用が想定されています。利用者の居住市町村がそれぞれ域内・域外の施設に委託等して実施することを基本としつつ、関係市町村間で調整がつく場合においては、施設所在市町村と利用者の居住市町村が費用負担を調整して、施設所在市町村が実施することも可能とされています。

　もっとも、新制度に入らない幼稚園には、私学助成による預かり保育補助があります（現行どおり）。しかし、新制度に入らない幼稚園でも新制度の一時預かり事業を行うことが可能になっています。

その他

38 「地域子ども・子育て支援事業」とは何ですか？

市町村が子ども・子育て支援事業計画にしたがって、子ども・子育て家庭等を対象に実施する事業のことです（13事業）。事業負担割合は国・都道府県・市町村それぞれ1/3になります（妊婦健診については交付税措置）。すでに説明した「利用者支援事業」「一時預かり事業」「病児保育事業」と「学童保育（放課後児童健全育成事業、7章で説明）」以外は以下のとおりです。

【新規】以外はすでに実施されている事業です。

1．地域子育て支援拠点事業
　　乳幼児及びその保護者が相互の交流を行う場所を開設し、子育てについての相談、情報の提供、助言その他の援助を行う事業
2．妊婦健康診査
　　妊婦の健康の保持及び増進を図るため、妊婦に対する健康診査として、①健康状態の把握、②検査計測、③保健指導を実施するとともに、妊娠期間中の適時に必要に応じた医学的検査を実施する事業
3．乳児家庭全戸訪問事業
　　生後4か月までの乳児のいる全ての家庭を訪問し、子育て支援に関する情報提供や養育環境等の把握を行う事業
4．養育支援訪問事業
　　①養育支援が特に必要な家庭に対して、その居宅を訪問し、養育に関する指導・助言等を行うことにより、当該家庭の適切な養育の実施を確保する事業
　　②子どもを守る地域ネットワーク機能強化事業（その他要保護児童等の支援に資する事業）

要保護児童対策協議会（子どもを守る地域ネットワーク）の機能強化を図るため、調整機関職員やネットワーク構成員（関係機関）の専門性強化と、ネットワーク機関間の連携強化を図る取組を実施する事業

5．子育て短期支援事業

保護者の疾病等の理由により家庭において養育を受けることが一時的に困難となった児童について、児童養護施設等に入所させ、必要な保護を行う事業。短期入所生活援助事業（ショートステイ事業）と夜間養護等事業（トワイライトステイ事業）があります。

6．ファミリー・サポート・センター事業（子育て援助活動支援事業）

乳幼児や小学生等の児童を有する子育て中の保護者を会員として、児童の預かり等の援助を受けることを希望する者と当該援助を行うことを希望する者との相互援助活動に関する連絡、調整を行う事業

7．延長保育事業

保育認定を受けた子どもについて、通常の利用日及び利用時間以外の日及び時間において、認定こども園、保育所等において保育を実施する事業

8．実費徴収に係る補足給付を行う事業【新規】

保護者の世帯所得の状況等を勘案して、特定教育・保育施設等に対して保護者が支払うべき日用品、文房具その他の教育・保育に必要な物品の購入に要する費用又は行事への参加に要する費用等を助成する事業

9．多様な主体が本制度に参入することを促進するための事業【新規】

特定教育・保育施設等への民間事業者の参入の促進に関する調査研究その他多様な事業者の能力を活用した特定教育・保育施設等の設置又は運営を促進するための事業

第7章　小学生の放課後対策

Q39　学童保育は新制度に含まれますか？

　新制度には地域子ども・子育て支援事業があります（66頁を参照）。
　この地域子ども・子育て支援事業は支援法第59条で「市町村は、内閣府令で定めるところにより、第六十一条第一項に規定する市町村子ども・子育て支援事業計画に従って、地域子ども・子育て支援事業として、次に掲げる事業を行うものとする」と書かれています。次に掲げる事業は13あり、その5番目に「児童福祉法第六条の三第二項に規定する放課後児童健全育成事業」と学童保育が入っています。
　学童保育は新制度に入ります。そして、学童保育は市町村が行う事業だということ、市町村が定める事業計画に沿って行うということが重要です。市町村が行う事業ですが、市町村が直接行わず、民間事業者などに事業を委託することができます。
　さて、学童保育は1997年、児童福祉法に位置づけられました。その後、関係者の努力により少しずつ改善されてきましたが、日本の経済力に見合った望ましい水準にはなっていません。その理由は、国の予算が少ないこと、学童保育の最低基準が定められていないこと、職員の専門性を十分認めていないこと等にあります。これらの点が新制度で改善に向かうのでしょうか。
　今でも、学童保育に対して国から補助金が出ていました。学童保育に対する補助金として市町村が受け取ったものは、学童保育にしか使えません。しかし、補助金の額は少なく、2012年の予算では子ども1人あたり保育所のおおよそ1/10です。
　新制度では、66頁に書いた市町村が実施する13事業全体に対して国から交付金が出ます。13事業には、学童保育以外に、一時預かり、延長

保育、病児保育などが含まれています。これら13事業全体に対する国の補助が一括で支給されます。これを交付金といいますが、この交付金を、学童保育、延長保育、病児保育等にいくらずつ振り分けるかは市町村の判断になります。

　交付金の額は国が決めます。どの程度の交付金になるかはわかりませんが、個々の事業に出されている補助金をベースに交付金の金額を決めますと、大きな改善は見込めません。学童保育は市町村が実施する事業です。交付金を含め全体でどの程度の予算を組むかは市町村の判断によります。そのため、市町村によって学童保育の予算は異なります。学童保育の改善を進めようとすると、それにふさわしい予算が必要です。国の交付金を改善することが重要ですが、そうならない場合でも、市町村の判断で学童保育予算を充実させることは可能です。ただしその場合、市町村が独自に財源を確保しなければなりません。

Q40　放課後子ども教室は新制度に含まれますか？

　小学生の放課後対策には、学童保育以外に放課後子ども教室もあります。放課後子ども教室は、文部科学省が実施している事業で、すべての小学生を対象に放課後や週末に、地域住民の協力を得て、安全・安心な居場所の設置、さまざまな体験活動や交流活動を実施しています。現在、約1万ヶ所で実施されています。

　この放課後子ども教室は新制度に含まれません。そのため、両者の関係をどのように考えるかが重要です（75頁を参照）。

Q41 学童保育は改善されますか？

　幼稚園、保育所には守らなければならない最低の基準が以前から決まっています。そこで職員の配置基準（職員1人で担当する子どもの数）、面積（子ども1人あたりの面積）などを決めています。この最低基準が満たされない施設は認可されず、国の補助も出ません。国からの補助がなければ、幼稚園や保育所を運営するのは困難です。国から補助を出す代わりに、最低基準を満たすようにし、一定水準を維持しているわけです。

　ところが学童保育には最低基準がありませんでした。学童保育にも国からの補助金があり、それを受けるための基準があります。しかしその内容は、開所日数や開所時間などであり、職員配置や面積に関する基準ではなく、補助金を通じて学童保育で一定の水準を確保するという仕組みにはなっていません。そのため狭い部屋に子どもを詰め込んでいるような状態でも、国の補助が受けられました。

　新制度ではこのような状態を改善するため、最低基準を設けることになりました。学童保育は市町村が実施する事業であり、最低基準は市町村が条例で定めます。決める内容は、指導員の資格、集団規模、指導員の配置、開所時間・日数などです。政府は条例の目安となる基準（厚生労働省令「放課後児童健全育成事業の設備及び運営に関する基準」）を発表し、市町村はそれを参考に条例を制定します。

　最低基準を定めることは前進です。しかし、国の定めた基準が低いため、国と同じ基準を条例で定めても抜本的な改善は期待できません。例えば、子ども1人あたりの面積は $1.65m^2$ で1畳以下です。ちなみに保育所は $1.98m^2$ です。国が定めた基準を改善し、全体としての底上げが必要です。ただし、最低基準を条例で定めるため、国の改善を待たず、市町村の判断で最低基準を改善することが可能です。

Q42　学童保育指導員の資格はどうなりますか？

　幼稚園には教員免許、保育所には保育士資格が必要です。それに対して学童保育の指導員には固有の資格がありません。どのような人を指導員として雇用するかは市町村や施設が決めています。教員免許、保育士、社会福祉士などの資格を持っている人に限定している市町村もありますが、特に資格のない人でもかまわないとしている市町村もあります。

　新制度では学童保育指導員のことを放課後児童支援員と呼びますが、今までと同じで学童保育固有の資格はありません。そのため市町村が条例で、どのような人を指導員の対象にするかを決めます。政府が定めた「放課後児童健全育成事業の設備及び運営に関する基準第10条第三項」では「放課後児童支援員は、次の各号のいずれかに該当する者であって、都道府県知事が行う研修を修了したものでなければならない」としています。以下9号まで示されていますが、保育士、教員免許、社会福祉士の資格を持っているもの以外に、高校を卒業し学童保育に類似する事業に2年以上従事し市長が適当と認めた人まで、かなり幅広く認めています。

　学童保育は小学生の放課後・休日おける生活の場であり、指導員に求められる専門性は、保育士、小学校教員とは違います。本来であれば国が固有の資格をつくり、その有資格者を指導員にするのが望ましいといえます。それまでは、研修制度を充実させること、市町村が条例で定める指導員の要件を高くすることが必要です。

　また国の基準では、補助員も認めています。補助員は支援員を補助する人で、先に書いた9つに該当しなくてもかまいません。国の基準では1つの学童保育につき、支援員と補助員を1人ずつ配置すればいいとなっています。国の定めた基準どおりの条例にする必要はありません。市町村の判断で指導員の専門性を担保すべきです。

Q43　学童保育はどう変わりますか？

2013年時点で全国に2万1000か所以上の学童保育があります。運営主体を見ますと、市町村が一番多く38.8％、次いで地域運営委員会が18.6％、社会福祉協議会などが10.1％、保護者会などが6.4％です。地域運営委員会とは、学校長、自治会長、PTA会長、保護者会代表などで地域運営委員会を構成し、運営しているものです。これ以外にNPO、私立保育所、民間企業などもあります（「学童保育情報2013-2014」全国学童保育連絡協議会発行より）。大半の学童保育は、ほぼそのまま新制度に移行すると思われます。誰が設置・運営するかは地域や市町村の意向が大きく反映されますが、新制度に変わるため学童保育の運営者を大きく変えなければならないということはありません。

場所を見ますと、小学校内で開設されている学童保育が52.8％、児童館内が12.6％、学童保育専用施設が8％です。それ以外には公民館、公立保育所、私立保育所などがあり、民家・アパートも6.4％あります。新制度では学童保育を開設する場所は特に定められていないため、大半の学童保育は現状どおり、運営し続けると思われます。

学童保育の開所日数、時間は、「放課後児童健全育成事業等実施要綱」で定められていました。そこでは「放課後児童の就学日数、地域の実情などを考慮し、年間250日以上開所すること」となっていました。また「開所時間については、1日平均3時間以上とすること。ただし長期休暇期間などについては……1日8時間以上開所すること」となっていました。今回、国が定めた「放課後児童健全育成事業の設備及び運営に関する基準」の第18条では、先の要綱と同じ開所日数、時間が定められており、新制度に移行しても大きく変わらないと思われます。ただ、開所されていた時間を見ますと18時までが一番多く40.1％です。新制度のもとで保育所の基本的な開設時間は18時までですが、その後は延長保育が

設定されます。学童保育の開所時間もそれにあわせるべきでしょう。

　新制度に移行しても、申し込み、利用契約、保育料などは、制度上、大きく変わりません。市町村が運営している学童保育は、市町村に申し込み、利用する場合は市町村と利用契約を結びます。それ以外は、運営している事業者に申し込み、利用者と事業者が利用契約を交わします。

　保育料ですが、市町村が運営している学童保育は、市町村が決定します。それ以外は、運営している事業者が決めます。そのため、事業者によって利用料が異なります。保育所の場合、所得によって保育料が変わります。学童保育の場合、所得と利用料を連動させるような仕組みにはなっていません。そのため新制度になっても現行どおりで、市町村独自の減免制度があるところでは所得に応じて利用料が変わり、それ以外のところは一律の利用料になるでしょう。2012年で独自の減免制度を持っている市町村は57％です。ただし多くは生活保護世帯を対象とした減免です。

　新制度に変わり、保育所や幼稚園を利用する場合、保護者は認定を受けなければなりません。しかし、学童保育の場合は、そのような認定を受ける必要がありません。今まで学童保育は児童福祉法第6条の三第2項で「放課後児童健全育成事業とは、小学校に就学しているおおむね十歳未満の児童であつて、その保護者が労働等により昼間家庭にいないものに、授業の終了後に児童厚生施設等の施設を利用して適切な遊び及び生活の場を与えて、その健全な育成を図る事業をいう」となっていましたが、新制度では、「おおむね十歳未満の」が削除されました。そのため制度上は、保護者が就労等で不在の場合、小学校6年生までが学童保育の対象になりました。現在、学童保育を利用している子どもは小学校3年生以下が大半です。実際どの程度の利用が可能になるかは、市町村の判断や施設の整備状況などに左右されますが、市町村事業計画では6年生までの受け入れを検討すべきです。

Q44 今後、学童保育の定員は増えますか？

2013年時点で学童保育を申し込んだのに利用できていない子どもが全国で6,944人います。ただし、正確な待機児童数は把握できておらず、全国学童保育連絡協議会は待機児童を40万人以上と推計しています。

政府は2014年7月に「放課後子ども総合プラン」を策定し、その中で2019年までに学童保育の定員を30万人増やすとしています。現在、利用している子どもは約90万人ですから、2019年には120万人の子どもたちが利用できることになります。ちなみにこの5年間で利用者は10万人の増加であり、目標達成に向けて着実な実施が求められます。また、すべての小学校区内に学童保育が必要ですが2013年時点で、校区内に学童保育のない小学校が3,653校（17％）あります。総合プランでもすべての小学校区内に学童保育を設置するとしています。

一方、学童保育の場合、保育所と異なり制度上、入所に対する市町村の責任は曖昧です。そのため、待機児童がいるからといって学童保育の整備が進む保障はありません。学童保育を増やすかどうかは市町村の判断にゆだねられます。市町村の策定する市町村事業計画の中で学童保育の整備を明記すること、その実施を市町村に求めることが大切です。もちろん、学童保育に入れなくてもあきらめず市町村と交渉すべきです。一部の小学校を除き、子どもの数は減っています。小学校内の余裕教室などを利用すれば、年度途中からの開設も可能です。文部科学省の調査によりますと2013年5月時点で余裕教室は4万3147室、そのうち学童保育に利用されているのは2,158室（5％）です。総合プランでも「既に活用されている余裕教室についても、改めて、放課後対策に利用できないか、検討することが重要」「市町村教育委員会は、その（余裕教室の）使用計画や活用状況等について公表するなど、学校施設の活用に係る検討の透明化を図る」としています。

Q45 学童保育と放課後子ども教室の関係はどう考えたらいいですか？

　小学生の放課後対策には、学童保育と放課後子ども教室があります。
　以前からこの2つの事業は類似している、対象が重複しているなどといわれ、政府も両事業の一体化を進めていました。その結果、地域によっては両事業が統合され、実質的に学童保育が消滅したところもあります。しかし、学童保育は放課後に保護者が家におらず、子どもを見ることができない家庭などを対象としたものであり、子どもにとっては生活の場です。放課後子ども教室とは目的が異なり、放課後子ども教室に統合するのは無理があります。
　両事業の関係性については、新制度の議論に至る過程で検討が重ねられ、放課後子ども教室は新制度に含まれないことになりました。ところが今回政府が策定した総合プランでは、両事業の一体化を大きく掲げています。総合プランでは学童保育の定員を30万人増やし、すべての小学校区に学童保育を開設するとしています。一方、両事業を一体的に取り組んでいる小学校は現在600か所ですが、それを1万か所にするとしています。このまま進みますと新たにできる学童保育の大半は一体型で、既存の学童保育も相当数が一体型に変更されてしまいます。
　放課後子ども教室はすべての子どもを対象にしているため、一体化するためには、学童保育を放課後子ども教室に統合しなければなりません。しかし、学童保育、放課後子ども教室は目的、内容、対象が異なります。むりやり一体化すると子どもたちの生活の場が失われます。学童保育の定員増は、放課後子ども教室と関係させず、ただちに取り組むべきです。その上で、子ども、保護者、関係者の意見をふまえつつ、両事業を連携させることが重要です。

編著者

中山徹・杉山隆一

保育行財政研究会

中山　　徹	（同会代表・奈良女子大学）	はじめに、第1章、第7章
杉山(奥野)隆一	（大阪保育研究所、佛教大学）	第4章
木村　雅英	（自治労連・地方自治問題研究機構）	第3章
中村　強士	（あいち保育研究所、日本福祉大学）	第5章、第6章
仲井さやか	（大阪保育研究所）	第2章、第4章

〈連絡先〉　大阪保育研究所
　　　　　〒542-0012
　　　　　大阪市中央区谷町7丁目2-2-202
　　　　　TEL 06-6763-4381　FAX 06-6763-3593
　　　　　e-mail：ken@hoiku-center.net

Q&A 保育新制度　保護者と保育者のためのガイドブック

2015年2月18日　初版第1刷発行

　　　　　編著者　中山　徹・杉山隆一
　　　　　　　　　保育行財政研究会
　　　　　発行者　福島　譲
　　　　　発行所　㈱自治体研究社
　　　　　　　　　〒162-8512 新宿区矢来町123　矢来ビル4F
　　　　　　　　　TEL：03・3235・5941／FAX：03・3235・5933
　　　　　　　　　http://www.jichiken.jp/
　　　　　　　　　E-Mail：info@jichiken.jp

ISBN978-4-88037-630-1 C0036　　　　　　　　　　印刷：トップアート
　　　　　　　　　　　　　　　　　　　　　　　デザイン：アルファ・デザイン

「自治体消滅論」に立ち向かい、住民が幸せな自治体をつくる

小さい自治体 輝く自治
―「平成の大合併」と「フォーラムの会」―

全国小さくても輝く自治体フォーラムの会・自治体問題研究所 編　A5判230頁　定価(本体1700円+税)

「平成の大合併」政策に抗して自律(自立)の道を選択し、「フォーラムの会」に集いながら、持続可能な地域づくりに取り組む自治体の実践。そこには、住民自治と団体自治がいきづく自治体がある。

主な内容

第Ⅰ部　座談会「小さな自治体の夢と自治を語る」
　　　出席者　前田　穰・岡庭一雄・加茂利男・保母武彦・平岡和久・岡田知弘
　　　誌上参加　浅和定次・河合博司
　報告　「「平成の大合併」自治の視点からの検証」加茂利男
　　　「小さな自治体の大きな展望」保母武彦

第Ⅱ部　地域・住民とともに
　綾　町：前田　穰／東川町：松岡市郎／大玉村：浅和定次・押山利一
　上野村：神田強平／奈義町：花房昭夫／阿智村：岡庭一雄・熊谷秀樹

第Ⅲ部　わが町・わが村の重点施策
　ニセコ町／東川町／訓子府町／西興部村／羽後町／大玉村／矢祭町／上野村／神流町
　下仁田町／南牧村／川場村／酒々井町／関川村／原村／阿智村／根羽村／下條村／栄村
　泰阜村／白川村／朝日村／日野町／甲良町／多賀町／岩美町／海士町／福崎町／勝央町
　奈義町／西粟倉村／上勝町／大豊町／本山町／土佐町／九重町／綾町／木城町／諸塚村

自治体研究社　〒162-8512　東京都新宿区矢来町123　矢来ビル4F
　　　　　　　　TEL 03-3235-5941　　FAX 03-3235-5933
http://www.jichiken.jp/
E-mail info@jichiken.jp

地域医療を支える自治体病院
医療・介護一体改革の中で

「医療介護一体改革」や新公立病院改革ガイドラインで地域医療崩壊を加速させる政策に抗し、自治体病院をより充実させ、かかりつけ医との連携で地域医療全体を守り発展させる政策と取組みの教訓を紹介する。

編者　**伊藤周平**・鹿児島大学教授
　　　邉見公雄・全国自治体病院協議会会長
　　　武村義人・全国保険医団体連合会副会長
　　　自治労連医療部会

新刊！

定価（本体1400円＋税）

= 目 次 =

第1部　医療・介護一体改革の本質と問題点　　伊藤周平
第2部　病院、かかりつけ医、介護の連携
　　病院とかかりつけ医連携・武村義人／病院から地域への実態・小野江真美／介護保険 地域の実態と自治体の責任・宮本茂
第3部　地域の中核医療機関としての自治体病院
　　全国自治体病院協議会一邉見公雄会長に聞く・聞き手 池尾正・若藤美鈴／自治体病院が地域で果たしている役割・池尾正／住吉市民病院廃止反対 大阪都構想ストップ・田岡康秀／京都府丹後医療圏での医療介護アンケート・増田勝／自治労連愛知県本部の自治体病院訪問・永井和彦／都立病院をめぐる現状と運動・矢吹義則／千葉県での地域医療を守る取り組み・長平弘
第4部　社会保障改革の新段階と対抗運動の展望　　伊藤周平　　＊編集協力　自治労連憲法政策局・國貞亮一　木内達矢

自治体研究社　〒162-8512 東京都新宿区矢来町123 矢来ビル4F
TEL 03-3235-5941　　FAX 03-3235-5933
http://www.jichiken.jp/
E-mail info@jichiken.jp

保育新制度 子どもを守る自治体の責任

議会の条例審議に対応

（著者）中山　徹（奈良女子大学教授）　　田川英信（自治労連憲法政策局長）
　　　　藤井伸生（京都華頂大学教授）　　　高橋光幸（自治労連保育部会事務局長）

新刊！

Ａ５判　86頁　定価（本体 926 円＋税）

2015年4月実施の新しい保育制度に対応するため、自治体では、要保育認定や保育料の徴収基準、利用調整などについて具体化が必要となる。子どもをまもるための自治体責任を明確にする実践的な対応を紹介する。

第1章　新制度の本質とこれからの展望　　　　　中山　徹
第2章　新制度の自治体での具体化、
　　　　対応のポイント　　　　　　　　　　　　藤井伸生
第3章　新制度と自治体の責任、保育実施義務　　田川英信
第4章　認定こども園、幼保一体化の課題　　　　藤井伸生
第5章　保育の現場で豊かな保育を守る　　　　　高橋光幸

●好評発売中

**テッテイ解明
子ども・子育て支援の新制度**
中山徹・杉山隆一・保育行財政研究会 編著
定価（本体 1429 円＋税）

**直前対策
子ども・子育て支援の新制度 PART2**
中山徹・杉山隆一・保育行財政研究会 編著
定価（本体 1429 円＋税）

自治体研究社　〒162-8512 東京都新宿区矢来町123
TEL 03-3235-5941　　FAX 03-3235-5933
http://www.jichiken.jp/
E-mail　info@jichiken.jp